**국경을 넘은 한국사**

# 국경을 넘은 한국사

1판 1쇄 발행 2015. 12. 7.
1판 2쇄 발행 2016. 1. 27.

지은이 안형환

발행인 김강유
편집 김상영 | 디자인 지은혜
발행처 김영사
등록 1979년 5월 17일(제406-2003-036호)
주소 경기도 파주시 문발로 197(문발동) 우편번호 10881
전화 마케팅부 031)955-3100, 편집부 031)955-3250 | 팩스 031)955-3111

값은 뒤표지에 있습니다.   ISBN 978-89-349-7261-7 03900

독자 의견 전화 031)955-3200
홈페이지 www.gimmyoung.com      카페 cafe.naver.com/gimmyoung
페이스북 facebook.com/gybooks      이메일 bestbook@gimmyoung.com

좋은 독자가 좋은 책을 만듭니다.
김영사는 독자 여러분의 의견에 항상 귀 기울이고 있습니다.

이 도서의 국립중앙도서관 출판시도서목록(CIP)은 서지정보유통지원시스템 홈페이지
(http://seoji.nl.go.kr)와 국가자료공동목록시스템(http://www.nl.go.kr/kolisnet)에서
이용하실 수 있습니다.(CIP제어번호 : CIP2015030321)

표지의 이미지는 김홍도, 유운홍, 이형록의 풍속화에서 따온 것입니다. 국립중앙박물관 소장.

왜 한국사는 세계사인가?

# 국경을
# 넘은
# 한국사

안형환 지음

김영사

한국사란 무엇인가? 한국이라는 국가의 경계, 다시 말해 한반도와 만주 일대라는 지리적 배경을 가진 역사를 말하는 것인가? 그렇다면 삼국통일 후 중국에 남겨진 고구려인 후예 라후족과 백제 유민들의 고장인 백제향, 파미르고원을 넘은 고선지와 제齊 왕국의 강력한 통치자 이정기의 역사는 어떻게 되는 것인가? 중국 산둥반도에 산재했던 신라방은 국제적인 디아스포라의 한 형태였으며 쌍화점의 도시 개성에서는 고려 여인들이 아라비아인들과 자유롭게 사랑을 나누었고 조선시대 궁중 연회에서 코란을 읊는 소리가 낭랑하게 울려 퍼졌다. 필자가 이 책을 쓴 이유는 세계사 속의 한국사를 복원하고 한국사 속에서 숨 쉬는 세계사를 되살려냄으로써 객관적 입장에서 우리 민족의 자부심을 일깨우고 싶었기 때문이다.

공동체에 대한 구성원들의 귀속감, 연대 의식은 기본적으로 공동체에 대한 자부심이 높을수록 커지는 법이다. 공동체에 대한 자부심은 그 공동체의 현재의 모습뿐만 아니라 과거의 모습에 대한 평가에서 나온다. 그리고 자부심을 바탕으로 한 공동체에 대한 사랑은 국가 발전의 원동력이 된다. 이 때문에 각국은 역사 전쟁까지 벌이고 있다.

그렇다면 한국인들의 공동체에 대한 자부심은 어떠한가? 특히 과거의 모습에 대한 한국인들의 자부심은 어떠한가? 필자는 어려서부터 우리나라는 약소국가이고 수백 번의 외침을 받았으며 늘 변두리를 벗어나지 못했다고 배워왔다. 그래서 국사 공부를 할 때마다 마음이 어두웠다. 그러나 한 국가의 역사가 항상 어둡기만 할 수 있는가? 항상 어두웠다면 지금 세계지도에서 한국이라는 나라는 존재하지 않았을 것이다. 동북아 지도를 펼쳐놓고 보자. 중국의 수도 베이징에서 반경 1,000킬로미터 내에 있는 민족 가운데 아직도 중국어를 나라말로 쓰지 않는 민족이 어디 있는가? 오직 우리 민족뿐이다(중국에 우리 동포가 살고 있지만 본국에 비해 소수이고 몽골 공화국은 중국말을 쓰지는 않지만 몽골 공화국에 있는 몽골인보다 2배 이상 많은 몽골인들이 중국 영토 내에서 중국말을 쓰며 살고 있다).

우리가 왜소해 보였던 것은 상대적으로 중국이라는 국가 아닌 국가, 거대한 문화권의 존재 때문이었다. 중국이 어떤 나라인가? 근세 150년을 제외하고는 언제나 항상 인류 문화의 최선두에 서 있었던 나라, 언제나 지구 전체 GDP의 1/4 이상을 차지해왔던 국가 이상의 국가가 바로 중국이었다. 이런 중국에 맞서 동화되지 않고 문화적 정체성을 유지한다는 것은 대단한 일이다. 일부에서는 사대주의 때문에 생존했을 것이라는 분석을 내놓을 수 있겠지만 이는 국가 간의 역학 관계와 한 국가의 총체적 능력을 고려하지 않은 단견이다.

필자는 한국의 저력을 한국인들의 개별적인 능력, 역사 속에서 보여준 뛰어난 외래문화 습득 능력과 개방성 때문이었다고 생각한다. 한국사에서 개방성을 거론하면 의아해하는 사람들이 많겠지만 오늘날 폐쇄적인 한국사를 기억하는 것은 모두 조선 중기 이후의 한국사에 대한 기억 때문이다. 사람도 가장 최근의 일을 우선적으로 기억하는 것처럼 한 공동체도 역시 가장 가까운 바로 앞 시대의 일을 우선적으로 기억할 수밖에 없을 것이다. 그러나 그 사람의 총체적 행동은 바로 앞의 사건뿐만 아니라 태어나서부터 지금까지 자신을 둘러싼 모든 일들과 그 기억을 바탕으로 이뤄진다.

필자는 이 책에서 의도적으로 우리 공동체의 기억 가운데 가장 융성하고 화려했던 순간들을 뽑아내 펼쳐놓았다. 기존 역사책에 나와 있는 상식적으로 알 수 있는 내용은 가급적 다루지 않았다. 이는 조선시대라는 바로 앞 시대의 기억 너머에 있는, 또 다른 기억을 통해 역사적 사고의 균형을 이루고자 하는 바람 때문이다.

이 책에서는 이러한 취지에서 한국사의 최고의 전성기를 뽑아서 나열했다. 그 대표적인 시대가 8세기 신라, 11세기 고려, 15세기 조선이었다.

8세기 통일신라는 한반도 대부분의 지역을 통합한 후 늘어난 토지와 인구를 바탕으로 태평성세를 누렸다. 신라인들은 세계로 뻗어나가 동중국해와 황해, 남해를 사실상 지배했다. 이른바 해양 대국을 만든 것이다. 중국에 유학 온 외국인 학생 가운데 가장 많았던 것이 신라 학생들이었다. 신라의 승려들은 중국과 인도를 오가며 동아시아 불교 철학을 이끌었다. 당시의 기준으로 볼 때 신라는 가장 개방적인 국제 국가이자 문화 선진국이었다.

11세기 고려는 고급 관료에 외국인을 임명하고, 무역항 벽란도에는 서역인들이 드나들었던, 개방된 국제 국가였다. 중국(남송)과 수교하고자 하는 왕(문종)에게 신하들이 "장삿배가 줄을 이어 우리나라에 들어 와서 진귀한 물자가 날마다 들어오고 있습니다. 중국과 교통하여도 실제로 도움받을 일이 있겠습니까?"라고 반문할 정도였다. 내부적으로 황제국이라고 자칭할 만큼 자긍심이 넘쳤다. 또한 끊임없이 북방을 내달렸던 패기 넘치는 국가였다.

15세기 조선은 자타가 인정하는 최고의 국가였다. '조선' 하면 답답한 폐쇄 국가라고 생각하기 쉽지만 실제로는 세계 최초로 여론조사를 실시하고 노비에게 130일 동안의 출산휴가를 주었던 관용과 개방의 '열린 국가'였다. 민족문화의 결정체인 한글이 세상에 나왔고, 세계 최고 수준의 과학 발명품들도 쏟아져 나왔다. 당시 조선의 문화 수준은 동시대 최고 수준을 자랑했다.

이 책은 이 세 시대의 순간들을, 우리가 잘 몰랐던 우리 역사의 다른 모습들을 소개하고자 한다.

필자는 각국의 역사를 공부하면서 개방과 역사의 상관관계에 대해 많은 생각을 하게 됐다. 한 국가가 가장 융성했던 때의 모습은 역시 가장 개방했던 때였고 그 국가, 또는 그 국가의 지도부가 폐쇄적으로 돌아서면 쇠퇴의 길로 접어드는 것을 많이 보았다. 한국사도 예외가 아니었다.

이 책이 탄생하는 데는 필자가 5년 전에 썼던《우리가 몰랐던 개방의 역사》가 토대가 되었다. 많은 자료를 보강하고 가다듬어 다시 독자들에게 선보이고자 한다. 더 많은 한국인에게 우리의 역사를 자긍심을 가지고 다시 보자고 말하고 싶었기 때문이다. 거듭 말하지만 공동체에 대한 연대 의식은 공동체에 대한 자부심에서 비롯된다.

이 책이 나오기까지 수고해주신 김영사 편집부와 서재경 고문님, 그리고 관계자 여러분께 진심으로 감사드린다.

2015년 11월

안형환

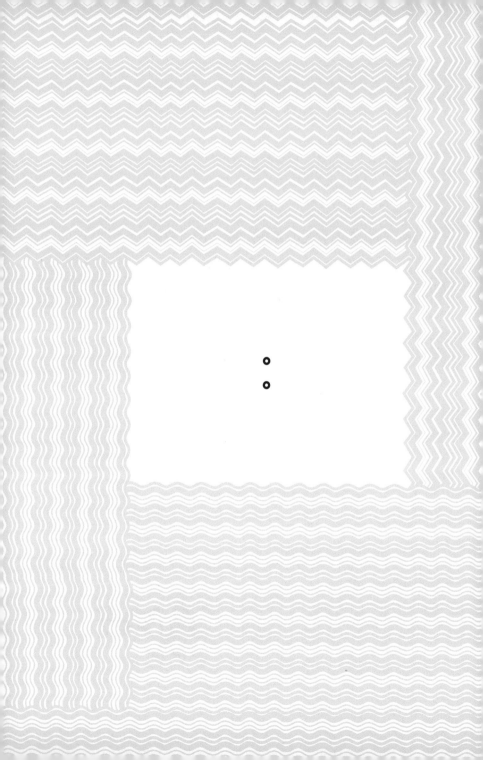

제 1 부

# 당 제국과 어깨를 나란히 했던 8세기 신라

# 1

## 8세기 최고의 문화 선진국

660년에 백제, 668년에 고구려를 멸망시킨 신라는 당나라와 7년(670년~676년) 전쟁을 치르고 당을 한반도에서 몰아냈다. 백제의 전 영토와 고구려의 남쪽 땅을 차지하면서 신라의 국력은 전에 없이 강해졌다. 영토와 인구 면에서 코리아의 원형이 그려지기 시작한 것이다.

물론 신라가 한반도 지역을 통일한 것에 대해서는 부정적인 평가도 많다. 외세의 힘을 빌려 동족 국가를 붕괴시키고, 만주 벌판을 우리 역사의 무대에서 사라지게 했다는 비판이 그것이다. 여기서 하나의 의문이 생긴다. 당시 신라가 백제와 고구려를 같은 민족으로 보았을까? 민족이란 아주 근대적인 개념일 뿐이다. 백제는 무왕 때인 607년 같은 뿌리에서 나온 고구려를 공격해달라는 요청을 수나라 양제에게 했고, 위덕왕 때는 고구려를 칠 때 길잡이를 자처했다. 당시 삼국은 서로 경

**태종무열왕릉비 ●** 경북 경주시 서악동에 있다. 비신碑身은 없어지고 지금은 비의 대석이었던 귀부龜趺와 비신 위에 얹혔던 이수螭首만 남아 있으며 '태종무열대왕지비'의 여덟 글자는 김춘추의 둘째 아들인 김인문의 글씨라고 전한다.

쟁 관계에 있는 이웃 국가들이었을 뿐이다.

신라 제31대 왕인 신문왕(재위 681~692년)은 즉위 12년에 당나라 중종이 사신을 보내 태종무열왕 김춘추金春秋의 묘호廟號(임금이 죽은 뒤에 생전의 공덕을 기리어 붙인 이름)가 당 태종과 같은 것을 문제 삼아 이를 고치라고 하자 당에 보낸 답서에 다음과 같이 적었다.

전왕 김춘추는 자못 어진 덕이 있었고, 생전에 훌륭한 신하 김유신金庾
信을 얻어 한마음으로 정치하여 '삼한일통三韓一統'을 이루었으니 그 위업
이 크다고 하지 않을 수 없습니다.

신문왕은 태종무열왕(재위 654~661년) 김춘추의 손자이자 676년에
당나라 세력을 몰아내고 실질적으로 삼국통일을 이룩한 문무왕(재위
661~681년) 김법민金法敏의 맏아들이다.

이를 볼 때 신라인들이 한반도의 남부 지역(삼한 지역)을 통합했다는
의식을 가지고 있었던 것은 분명해 보인다. 그러나 이것도 같은 권역
내 이웃 국가를 정복했다는 개념이지 민족을 통일했다는 개념은 아니
었다. 더구나 당시 고구려나 백제는 삼한 지역을 통합하려는 의지가
없었다.

고려 인종(재위 1122~1146년)의 명을 받아 김부식金富軾이 편찬한 역
사서《삼국사기三國史記》는 신라의 역사를 상대(시조~28대 진덕여왕. 기원
전 57년~654년), 중대(29대 태종무열왕~36대 혜공왕. 654~780년), 그리고
하대(37대 선덕왕~56대 경순왕. 780~935년)로 분류하고 있는데 신라의
전성기는 중대였다.

백제와 고구려, 그리고 당나라와의 전쟁을 승리로 이끈 걸출한 두
군주, 태종무열왕과 문무왕의 뒤를 이어 왕위에 오른 신문왕은 국학
을 설치하여 학문을 장려하고 왕 중심으로 정치 조직을 다시 짰다. 새
로이 병합한 백제와 고구려의 옛 땅을 9주州로 나누고 그 밑에 군郡과
현縣을 두었으며, 지방 요지에 5소경小京을 만들었다. 신문왕은 이를 통
해 왕권을 대폭 강화했다.

이후 8세기에 이르러서는 신라 역사상 최고의 전성기가 펼쳐진다. 이 시기는 우리 역사에서 유래를 찾아보기 힘들 정도로 개방된 시대였다. 또한 당시 신라를 다스렸던 왕들의 자부심도 대단했던 것으로 보인다.

성덕왕 32년(733년) 8월 보름에 왕이 월성(신라의 왕궁)에 올라 술자리를 마련하고 즐기다가 윤중允中(김유신의 손자)을 불러오게 하니 좌우에서는 소원한 신하를 부르는 것을 괴이하게 여겼다. 그러자 왕은 '나와 그대들이 모두 안평무사安平無事한 것은 유신의 공'이라고 하였다.

　　　　　－《삼국사기》 권43 〈열전列傳〉 제3 김유신 하下 편

신문왕의 둘째 아들로 친형인 효소왕(재위 692~702년)의 뒤를 이어 왕위에 오른 성덕왕(재위 702~737년)이 스스로 자신의 시대를 '평화의 시대'라 부르고 있는 것이다.

성덕왕의 셋째 아들로 신라 제35대 왕이 된 경덕왕(재위 742~765년) 때는 신라의 힘이 최고조에 달하였다. 불국사, 삼층석탑(석가탑)과 다보탑, 석굴암을 비롯하여 왕궁인 월성과 경주 남쪽을 연결하는 월정교, 황룡사 대종, 성덕대왕 신종(에밀레종), 안압지, 경주 남산의 불상 등 지금 남아 있는 세계적인 명품 예술품과 건축물들이 이때 만들어졌다.

당시 경주는 인구가 20만(70만이라는 주장도 있음)에 달하는 세계적인 대도시였다. 높이 80미터의 황룡사 9층 목조탑을 중심으로 대로변에는 2층집이 즐비하게 늘어서 있고, 서역인들이 활발하게 거리를 오가

**안압지의 모습 ○** 월성 동북쪽에 위치해 있다.

는 국제도시였다.

그 무렵 신라인들은 신라를 벗어나 해외로 뻗어나갔다. 당시의 기준
으로 본다면 신라는 세계화된 국가였다. 신라인들은 중국 연안에 신
라방新羅坊을 만들어 동중국해와 황해, 남해의 국제 교역망을 손에 쥐
었고, 신라의 많은 학생들과 승려들이 당으로 몰려갔다. 당나라에 유
학 온 아시아 각국의 학생들 중에 가장 많은 수를 차지하고, 뛰어난
재질을 보인 것이 바로 신라 학생들이었다. 또 신라의 승려들은 당나
라와 인도를 넘나들면서 당나라 불교에도 큰 영향을 주었고, 동아시
아 최고 수준의 불교 철학을 완성했다.

당나라는 그 당시 세계 최고의 문화 선진국이자 초강대국이었다.

**신라 불교 미술의 정점에 있는 석가탑** ◎ 아사달과 아사녀의 전설에서 따서 무영탑無影塔이라고 부르기도 한다.

서역 상인의 모습을 표현한 당삼채唐三彩.

7세기에서 9세기까지 아시아의 모든 길은 당나라의 수도 장안으로 향하고 있었다.

아시아 곳곳에서 학생과 승려들이 당나라로 왔고, 멀리 아랍과 페르시아의 상인들까지 해로로, 육로로 당나라를 찾았다. 장안은 단순히 당 왕조의 수도가 아니라 세계 최고의 국제도시로 당시 지구 문명의 중심에 서 있었다.

그런 당나라가 아시아권에서 문화적으로 가장 높은 수준에 올라 있다고 평가한 나라가 바로 신라였다. 당나라 현종은 신라 제33대 왕인 성덕왕이 세상을 떠나자 오래도록 안타까워하며 좌찬선대부左贊善大夫 형숙邢璹을 보내 조문하게 했다. 이때 태자 이하 관료들이 다 애도의 시를 지어 보냈는데 당 현종은 형숙에게 "신라는 군자의 나라로 글을 잘 알아 중국과 비슷하다"고 말했다.

그 무렵 중동에서는 사라센 제국이 새로이 역사 전면에 등장했다. 사라센 제국은 7~15세기에 마호메트와 그 후계자들이 아라비아의 메디나를 중심으로 세운 중세 이슬람 국가이다. 그러나 8세기 사라센 제국은 문화적으로 성숙하지 않았다. 또한 유럽의 여러 나라들은 여전히 중세의 암흑기에서 벗어나지 못하고 있었다.

신라의 대표적인 예술품
인 **황룡사구층목탑 복원
도** ○ 황룡사구층목탑은 서라
벌의 랜드마크이기도 했다.

　이처럼 전 지구적 차원에서 볼 때 문화 수준이 중국과 거의 동등했
던 신라는 당시 가장 개방된 국가의 하나였고 동시대 기준으로 선진
국임에 틀림없었다.

# 2

## 일본 천황을 속인
## 동아시아의 상인

개방을 가장 확실하게 상징하는 것은 국제 교역이다. 개방된 국가일수록 국제 교역을 장려했고, 그로 인해 얻은 수익을 국가의 주요 수입원으로 삼았다.

그렇다면 우리 역사에서 해외 교역이 가장 활발했던 때는 언제였을까? 바로 통일신라 시절이었다. 신라의 상인들은 오늘날 우리가 상상하는 것 이상으로 활발하게 동아시아를 누볐다. 황해, 남해, 동중국해를 사실상 지배했던 것이다.

그럼 먼저 신라인들이 얼마나 국제 교역에 밝았는지 살펴보기로 한다. 신라 상인 김태렴金泰廉 일행이 일본 천황을 농락한 이야기이다.

때는 신라 경덕왕 11년(752년) 3월 신라 사절단이 일본 후쿠오카에 도착했다. 700여 명에 달하는 대규모 사절이었다. 대표는 신라의 왕자라고 하는 김태렴이었다. 약 3개월 후 신라 사절단은 일본의 수도로 가서 일본 천황(코켄 천황孝謙天皇)을 만났다. 김태렴은 천황을 만나자마자 넙죽 엎드려 큰 절을 올리고 덕담을 늘어놓는다.

"하늘 아래 모든 땅은 일본 천황의 땅이요, 하늘 아래 모든 사람은 일본 천황의 신하입니다. 신 김태렴은 다행히 성세聖世를 만나 이렇게 천황을 받들 수 있으니 기쁘기 그지없나이다. 제가 가지고 온 신라의 보잘것없는 물건을 조심스럽게 바칩니다."

중국 천자 못지않은 칭송을 받은 일본 천황은 이 같은 아부에 매우 만족해서 김태렴에게 선물을 내리고 융숭한 만찬까지 열어주었다. 김태렴은 일본 천황이 무엇을 원하는지 정확히 꿰뚫어보고 있었다. 천황이 순탄하게 왕위를 물려받지 않아 정치적으로 불안정한 상태에 놓여 있다는 것, 신라로부터 사대의 예를 받으면 그의 정치적 입지가 높아지게 되어 있다는 것 등을 알고 있었던 것이다.

김태렴은 신라의 왕자가 아니었다. 그와 그의 일행은 물건을 팔기 위해 사절단으로 위장했을 뿐이다. 신하들이 보는 앞에서 체면이 선 일본 천황은 김태렴과 그의 일행이 신라에서 가져온 배 7척 분량의 물품들을 모두 팔 수 있도록 허락했다.

이렇게 해서 김태렴 일행은 엄청난 이익을 챙길 수 있었다. 그 자리에서 일본 천황은 김태렴에게 당부했다.

"오늘 이후로 신라 국왕이 직접 일본 조정에 오도록 하라. 사정이 여의치 않아 다른 사람을 보낼 때는 반드시 외교문서를 가지고 오도록 하라."

김태렴이 신라 국왕의 국서 없이 모든 일을 말로만 처리했다는 것이 마음에 걸렸던 것이다.

일본 천황은 김태렴 일행이 돌아간 다음 해에 신라 경덕왕에게 사신을 보냈다. 그는 사신들이 신라 왕으로부터 상당한 대우를 받을 것을 기대했지만 경덕왕은 사신이 거만하고 무례하다며 만나주지도 않고 돌려보냈다. 일본 천황이 분노했음은 말할 것도 없다. 그런데 그를 더욱 화나게 한 것은 다음과 같은 사신의 보고 내용이었다.

"신라에 가서 보니까 경덕왕이 아들을 낳지 못한다는 이유로 왕비인 삼모부인을 내쫓고 만월부인을 맞이했으나 아직까지 아들이 없다고 합니다."

그제야 일본 천황은 김태렴이 신라의 왕자가 아니라는 사실을 알게 되었다. 사실 김태렴은 신라의 귀족 출신이었다.

그러면 당시 신라와 일본 사이에는 어떤 속사정이 있었기에 이런 일이 벌어졌을까? 신라는 나당전쟁 기간 동안 일본의 동태를 예의 주시했다. 일본이 당나라와 손을 잡고 배후에서 공격하면 신라는 고구려, 백제 패망의 전철을 밟을 수밖에 없기 때문이었다. 이 때문에 신라 조정은 일본을 견제하기 위해 군비를 증강했을 뿐만 아니라 다른 한편으로는 일본을 달래기 위해 많은 물품을 안겨주는 등 여러모로 애를 썼다.

그렇게 60년이 흐른 735년, 당나라가 대동강 이남의 땅을 신라의 영토로 인정하면서 양국의 긴장 관계가 해소됐다. 일본에 저자세를 취했던 신라의 왕들은 그때부터 자세를 높였다. 그러자 두 나라 간의 교역에 많은 문제가 생겼다. 가장 큰 피해를 입은 것은 일본을 상대로 교역하던 신라의 상인들이었다. 신라 국왕이 일본의 천황을 아우 부르듯 하는 외교문서를 보내니 도무지 교역이 제대로 될 리가 없었다.

**쇼소인 ●** 일본의 대표적인 사찰 도다이지東大寺에 있는 쇼소인正倉院. 일본 왕실의 유물 창고다.

그래서 김태렴이 세상 물정 모르는 일본 천황에게 자신의 신분을 속이고 장사를 한 것이다.

이처럼 일본 천황까지 가지고 놀았으니 신라의 상인들을 가히 '동아시아 최고의 장사꾼'이라고 불러도 좋지 않겠는가.

신라의 귀족들은 그 이후의 귀족들과는 확실히 달랐다. 그들은 직접 돈벌이에 나섰다. 우리 머릿속에 각인되어 있는 귀족, 이른바 책상물림의 양반 모습은 가장 가까운 시대인 조선 중기 이후 양반의 모습이다. 그 이전의 귀족들은 우리가 상상하는 것보다 훨씬 더 개방적이고 진취적이었다.

그럼 김태렴은 일본에 무엇을 팔았을까? 현재 일본 나라奈良현의 대표적인 절 도다이지東大寺에 있는 쇼소인正倉院에 김태렴이 무슨 물건을

**금동 가위 ○** 안압지에서 출토된 통일신라의 금동가위(좌)와 일본 쇼소인에 소장된 금동 가위(우).

쇼소인에 소장된 통일신라시대의 먹.

거래했는지 알 수 있는 문서가 보존되어 있다. 쇼소인은 일본 왕실의 유물 창고로 8세기 이후 동아시아의 각종 진귀한 물건이 남아 있다. 일본인들은 쇼소인을 가리켜 '세계 최고의 보물 창고'라고 부른다. 이곳에는 우리에게도 잘 알려진 8세기 신라 민정 문서와 신라산 금동 가위, 신라 종, 신라 먹 등도 보관되어 있다.

19세기 말 이 쇼소인에 소장되어 있던 병풍 뒷면의 배접지가 떨어져 나왔는데, 바로 이 배접지에 김태렴 일행이 거래했던 물건이 기록되어 있었다. 배접지는 752년 일본의 귀족들이 김태렴 일행으로부터 사고 싶은 품목과 수량 등을 적어 일본 정부에 제출한 서류, 즉 〈매신라물해買新羅物解〉였다.

여기에 적힌 물품은 사향·침향 등의 향료와 인삼·감초 등 약재, 거울, 가위, 소반 등 128가지에 달한다. 그중에서 상당 부분을 차지하고 있는 것이 향약香藥과 이를 사용할 때 필요한 기구들이었다. 향약은 절에서 불교 행사를 할 때나 일본 귀족들이 냄새와 분위기로 사치를 즐기는 데 사용했던 귀한 품목이었다. 그런데 향약은 아랍이나 인도, 동남아시아산이었다. 무게가 가볍고 가격이 비싸 중개무역을 하기에는 아주 좋은 품목이었다.

**유리병·유리잔** ● 칠곡 송림사에서 발견된 페르시아계 유리병과 유리잔.

당시 아랍계 상인들은 동남아시아 등지에서 수집한 향약을 중국의 양주로 가져와 팔았다. 양주에는 실크로드의 국제 상인으로 유명했던 소그드 상인들의 가게가 있었고, 페르시아나 캄보디아 등 서남아시아 각국의 무역선들이 들어왔다. 그러나 이들은 양주보다 북쪽이나 신라, 일본 같은 동쪽 나라로 진출하지는 않았다.

그 몫을 맡은 것은 바로 신라인들이었다. 1960년대 하버드대학교 교수와 주일 미국 대사를 지낸 동양학자 에드윈 라이샤워Edwin Oldfather Reischauer 교수는 "일찍이 신라 사람들은 중국 양주를 거점으로 하여 세계의 동쪽 끝까지 무역의 다리를 뻗었으며, 중국 동부의 한국과 일본은 대부분 신라 출신 사람들의 판매의 대상이 되었다"고 지적했다.

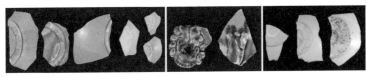

**신라로 수입된 중국 도자기들.**

당시 황해는 지중해나 마찬가지였다. 신라인들은 중국 남부와 북경을 잇는 대운하 주변에 정착하여 내륙의 물류와 관련된 사업을 해나갔다. 그들은 운하 주변과 해안가인 석도, 문등, 연운, 초주, 양쯔강 유역의 양주, 소주, 절강성浙江省의 영파·주산군도·황암 등지에 신라방, 신라소新羅所, 신라촌 등을 만들어 거주하면서 해상 경제를 이끌었다. 그 이전 시대 지중해 곳곳에 자신들의 도시를 세우고 교역을 장악했던 페니키아인이나 그리스인, 카르타고인들의 모습을 바로 신라인들에게서 볼 수 있었다. 오늘날 한국의 무역 상사 직원들이 세계를 누비고 한국이 세계 10대 무역 대국에 포함된 것은 바로 이러한 장사꾼의 기질이 우리 핏속에 녹아들어 있기 때문일 것이다.

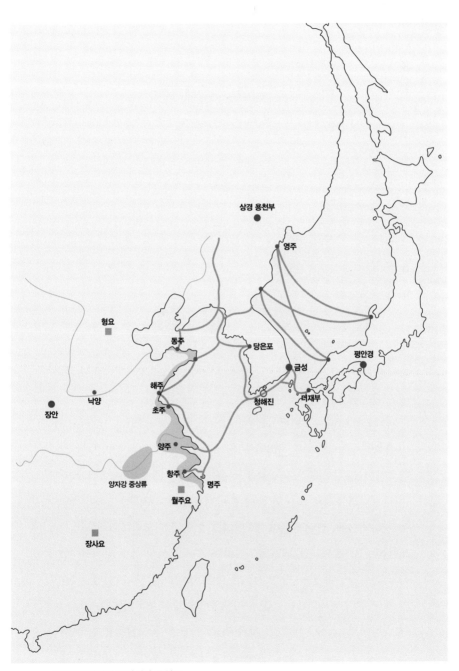

상경 용천부

영주

형요

동주

당은포

금성

해주

평안경

낙양

초주

청해진

더재부

장안

양주

항주

명주

양자강 중상류

월주요

장사요

통일신라시대의 동아시아 무역로

**3**

선박의 돛을
아랍에 수출했던 해양 강국

신라인들이 특히 두각을 나타낸 것은 일본과의 관계였다. 신라 상인들은 일본의 대외무역을 장악한 것은 물론 일본의 각종 대외 활동에도 영향을 미쳤다.

657년 일본은 당나라에 파견할 사신을 신라에 보내 당나라까지 보내줄 것을 요청했지만 신라가 거절해 당나라에 가지 못하고 그대로 귀국했다. 당시 일본은 자력으로는 중국으로 건너갈 수 없었다. 이 때문에 당나라를 방문하는 일본의 견당사遣唐使나 승려, 학생 등은 대부분 신라의 선박을 이용했다. 또 당나라에 있던 일본인들의 편지나 돈도 신라인들이 일본에 전달해주었다. 838년 일본이 보낸 마지막 견당사도 신라인들이 만든 항해 지도를 보고 당나라에 갈 수 있었고 돌아올 때는 신라 선박을 타고 왔다. 이때 배 9척에 나누어 탔다는 것을 보니 견당사의 규모가 꽤 컸던 것 같다. 또한 845년 12월에는 신라인이

강주康州(중국 광동성 광주)에서 표류하던 일본인 50여 명을 데리고 하카다에 도착한 일도 있었다.

7세기 후반에서 9세기 전반까지 일본인들은 당나라로 가기 위해서는 당시 바다를 지배하고 있던 신라의 신세를 질 수밖에 없었던 것이다.

일본은 755년에 '안사의 난'이 일어나 당나라가 발칵 뒤집혔었다는 이야기를 3년 뒤인 758년에, 그것도 일본에 온 발해의 사신에게 전해 들을 정도로 국제

**엔닌상 ◐** 엔닌은 일본 헤이안平安 시대의 승려로 일본의 귀족들을 대상으로 밀교의 비법을 전했다. 그가 이동한 항로는 당시 장보고 선단의 항로를 따라 이동한 것으로 추측된다.

정세에 어두웠다. 당나라의 문화를 동경했지만 자력으로 바다를 건너갈 수 없었기 때문이었다.

라이샤워 교수는 "(800년대에도) 일본인은 항해에 필요한 동아시아 지역의 기초적인 기상학적 지식조차도 갖고 있지 못했다"고 지적했다.

일본 승려 엔닌円仁은, 838년 당나라로 가서 일본으로 되돌아오기까지 9년 반에 걸친 행적을 정리해《입당구법순례행기入唐求法巡禮行記》를 썼다. 엔닌에 따르면 당시 중국에서의 일본의 지위는 타이족이 운남

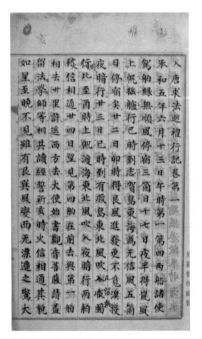

《입당구법순례행기》 ● 엔닌이 당나라의 불교 성
지를 돌아보고 기록한 여행기. 9세기 전반 동북아시
아의 정세를 기록한 정치사 문헌이자 불교사의 한 측
면을 전하는 귀중한 문헌이다.

지방에 세웠다고 하는 소왕국 남소국南昭國보다도 밑에 있었다고 한다. 일본 사신이 중국 시장에서 물건을 사다가 중국 관헌에게 체포되는 일도 있었다. 엔닌 자신도 한때 신라인 행세를 했다가 중국 관헌들에게 붙잡히기도 했는데 신라방 책임자가 나서서 신라방의 일원이라고 신분을 보증해주어 중국에 더 머물 수 있었다.

신라가 해양 국가로 우뚝 설 수 있었던 것은 뛰어난 항해술과 조선술을 지니고 있었기 때문이다. 특히 신라인들의 조선술, 즉 선박을 설계하여 만드는 기술은 당시 동아시아 최고 수준이었다.

신라시대 이전에 한반도에 살고 있던 사람들도 우리가 생각하는 것보다 훨씬 더 바다와 친숙했다. 경주 바로 옆 울주군 언양읍에 있는 국보 제285호 반구대 암각화에 새겨져 있는 어부와 고래잡이 모습이 이와 같은 사실을 잘 말해주고 있다. 신석기시대 말기부터 청동기시대에 걸쳐 제작된 것으로 추정되는 이 암각화에는 두 척의 배가 서로 협

**반구대암각화 ○** 울산 대곡리 반구대 암각화. 반반하고 매끈거리는 병풍 같은 바위 면에 고래·개·늑대·호랑이·사슴·멧돼지·곰·토끼·여우·거북·물고기·사람 등의 형상과 고래잡이 모습, 배와 어부의 모습, 사냥하는 광경 등을 표현하였다.

조하여 거대한 고래를 잡는 모습이 새겨져 있다. 이는 아마도 세계 최초의 선단식 고래잡이일 것이다.

또 《삼국사기》에는 고구려 제4대 민중왕(재위 44~48년) 때인 서기 47년 9월에 "동해에 사는 심부름꾼 고주리高朱利가 고래를 바쳤는데 밤이 되면 눈알에서 빛이 나서 마치 촛불을 켠 것 같았다"는 기록이 나온다. 따라서 이미 이 시기에 고래잡이가 이뤄졌던 것으로 보인다.

이후 백제가 중국의 요서 지방을 공략하고, 광개토대왕이 수군을 이용하여 백제를 정벌하고, 신라의 거칠부居柒夫가 울릉도를 정복한 일들은 삼국의 해군이 모두 탄탄한 전력을 가지고 있었음을 말해준다.

이와 같은 힘은 통일신라에 이르러 더욱 커졌다. 《삼국사기》를 보면 나당전쟁 당시인 671년(문무왕 11년)에 신라 해군이 당나라 수송선 70여 척을 격파하고, 673년에는 병선 100여 척으로 서해를 지켰으며, 675년에는 당나라 병선 40척을 빼앗았다는 기록이 나온다. 또 나당전쟁이 끝나갈 무렵인 676년 11월 "사찬沙飡 시득施得이 이끄는 신라 해군이 소부리주 기벌포(지금의 충남 장항)를 쳐들어온 설인귀薛仁貴의 병선과 맞서 싸워 패하였으나 이어 크고 작은 스물두 번의 전투에서 4,000여 명의 목을 베고 승리하였다"는 내용도 나온다. 신라의 해군이 당시 세계 최강이었던 통일 제국 당의 해군을 물리친 것이다.

나당전쟁이 끝난 직후인 678년(문무왕 18년), 신라는 583년에 처음 만들어져 선박을 관리해오던 선부서船府署를 병부에서 독립시켜 지위를 격상시킨다. 이처럼 선부서, 즉 해양부를 독립시킨 것은 바다의 중요성을 다시 한 번 강조한 것이라 할 수 있다.

신라 해군이 강한 힘을 지닐 수 있었던 핵심은 무엇일까. 그것은 바로 뛰어난 조선술을 가지고 있었기 때문이다. 조선술은 지금도 그렇듯이 동시대 모든 기술의 총체적인 능력을 보여주는 산업이다.

《속일본기續日本紀》를 보면 다음과 같은 기록이 나온다.

839년, 일본 조정은 대제부大宰府(일본의 대외 관계 부서)에 명령하여 신라선新羅船을 만들어서 능히 풍파를 견딜 수 있게 하였다.

840년, 대제부에서 "대마도의 장관이 이르기를 먼 바다의 일은 바람과 파도가 위험하고 연중 바치는 직물과 네 번 올리는 공문은 자주 표류하거나 바다에 빠진다고 합니다. 전해 듣건대 신라선은 능히 파도를 헤치고 갈 수 있다고 하니 바라건대 신라선 6척 가운데 1척을 나눠주십시오"라고 말하였다. 허락하였다.

앞의 기록들은 신라 선박에 대한 일본인들의 생각을 잘 보여준다. 일본 조정이 중국 선박이 아닌 신라 선박을 모방하려 했던 것이다.

9세기 중엽에 아랍의 지리학자 이븐 쿠르다지바Ibn Khurdadhibah가 쓴 책《도로 및 왕국 총람》에는 신라가 수출했던 품목이 나오는데 그 안에 범포帆布도 들어 있다. 선박의 돛을 외국에 수출할 정도였고, 이를 아랍인들이 알고 있었으니 아마 신라의 돛이 아랍의 선박에도 사용됐을 가능성이 높다.

신라는 금, 동, 철, 염직 등으로 화려하고 정교한 미술 공예품을 대량으로 만들어냈다. 이러한 공예품 제작에는 신라산뿐만 아니라 중국, 일본, 인도, 아프리카산 재료까지 사용되었다.

신라 제35대 경덕왕(재위 742~765년)은 당나라 대종이 불교를 숭상한다는 말을 듣고 장인에게 명하여 만불산萬佛山을 만들어 바쳤다. 만불산은 약 3미터 높이의 가산假山(정원 등을 꾸미기 위해 조그마하게 만든 모형 산)에 큰 것은 1치(약 3.03센티미터)가 넘고, 작은 것은 8~9푼(1푼은 0.33밀리미터) 정도인 1만 개의 불상을 만들어 넣은 대작이었다.

가산에는 뾰족한 바위와 기이한 모양의 돌과 동굴이 있어 구역이 나뉘었다. 각 구역 안에는 사람들이 노래하고 춤추며 노는 모습과 온갖 나라의 산천의 형상이 있었다. 조금만 바람이 문 안으로 들어가면 벌과 나비가 날아다니고 제비나 참새가 춤을 추니 얼핏 보아서는 진짜인지 가

짜인지 구분하지 못할 정도였다. 앞에는 돌아다니는 스님상 1,000여 개가 있고, 그 아래에는 종각이 있어 바람이 불면 종이 울리고 돌아다니는 1,000여 명의 스님상이 모두 엎드려 절을 했다.

-《삼국사기》권3〈탑상塔像〉제4 만불산 편

만불산을 전해 받은 당 대종은 탄식하며 "신라 사람들의 교묘한 기술은 하늘의 기술이지 사람의 기술이 아니다"라고 말했다. 4월 초파일에 대종은 두 명의 승려에게 만불산에 예를 들이게 하고, 당나라 최고의 고승인 삼장법사에게 명하여 밀부의 진전을 1,000번이나 외워서 경축하게 하니 보는 사람들 모두가 그 정교한 솜씨에 탄복하였다고 한다.

현재 만불산은 전해지지 않지만 신라의 공예술이 얼마나 발달했는지 능히 짐작할 수 있는 대목이다.

또 755년에 만들어진 국보 제196호《백지묵서대방광불화엄경白紙墨書大方廣佛華嚴經》발문에는 다음과 같은 기록이 나온다.

경덕왕 13년(754년) 연기법사緣起法師가 제안하여 이 경經을 만들었다. 여기에 지작인紙作人(종이를 만든 사람) 1명, 경필사經筆師(경문을 베끼는 사람) 11명, 경심장經心匠(경을 만드는 사람) 2명, 화사畵師(그림 그리는 사람) 4명이 참가하였다.

연기법사는 화엄사를 창건한 스님인데 경을 만드는 작업에 참여한 지작인과 경필사는 모두 전라도 지방 출신이었다고 한다. 이는 당시

**탈라스강** ○ 1,300년 전 탈라스 전투가 벌어졌던 탈라스강 주변의 현재 모습.

경주뿐만 아니라 지방에서까지 종이가 널리 쓰였다는 것을 말해준다.

유럽의 경우 종이 제조법이 처음으로 전해진 것은 751년 이후의 일이다. 751년 고구려 출신 고선지高仙芝 장군이 이끄는 당나라 군대는 이슬람 세력과 중앙아시아 탈라스평원(지금의 우즈베키스탄 수도 타슈켄트 인근)에서 전투를 벌였는데 격전 끝에 패하고 말았다. 이때 포로로 붙잡힌 당나라 군사 중에 제지 기술자가 있었고, 그 포로에 의해 제지 기술이 이슬람 세계를 거쳐 유럽으로 전해진 것이다. 제지 기술만 보더라도 신라는 동시대 기준으로 선진국이었다.

**쇼무천황상 ❂** 쇼무천황의 시대는 각종 자연재해나 역병이 횡행했던 시대였다. 천황은 불교에 깊게 귀의해 고쿠분지國分 寺와 도다이지의 비로자나불을 건립하게 했다.

앞서 언급했던 일본 도다이지의 보물 창고 쇼소인에는 일본 왕실과 불교계에서 사용해온 불교 도구, 조각·회화·공예 등 미술품, 일상 생활용품, 문서, 악기, 무기류 등이 보관되어 있다. 그 물품들 중에서 중심을 이루는 것은 756년부터 758년 사이에 기증된 유물이다. 그중에서도 핵심은 신라 불교에 심취했던 쇼무천황聖武天皇이 세상을 떠나자 왕후 코묘光明가 49제일에 기증한 쇼무천황의 애장품이다. 그런데 이 보물들은 상당수가 신라 제품이었다. 일본 학자들은 애써 부인하지만 당시 일본 권력층이 가장 보유하고 싶어 했던 명품들은 신라산이었던 것이다.

# 4
## 빈공과 합격자 90명 중 80명이 신라 유학생

개방의 역사는 다름 아닌 인적 교류의 역사이다. 조선 중기 이후 한국인들은 중국 또는 일본에 보낸 사신을 제외하고는 거의 한반도를 벗어나지 못했다. 이것이 국제 정세에 어두운 까막눈을 만들어 결국 몰락의 길을 걷게 된 것이다.

그러나 신라인들은 달랐다. 선진 문물을 배우기 위해 과감히 바다 건너 외국으로 나갔다. 그들이 배워온 선진 문물을 토대로 신라는 융성기를 만들어냈다.

앞에서도 말했듯이 8세기 당나라의 수도 장안에는 아시아 각국에게 온 학생들과 승려들의 발길이 끊이질 않았다. 당시 선진화는 곧 당의 문물을 배우고 수용하는 것이었다. 이 대열의 가장 앞에 선 것이 신라였다. 당나라도 자신의 선진 문물을 과시함으로써 주변 국가들을 문화적으로 동화시키려는 목적으로 유학생을 대거 받아들였다.

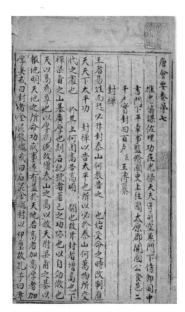

《당회요唐會要》● 중국 당나라의 국정과 제반 제도에 대한 연혁을 항목별로 분류 편찬한 책. 송나라의 왕부가 저술한 것으로 되어 있지만, 이전에 소면蘇冕, 최현崔鉉 등이 각각 40권의 《회요》를 저술한 것에 왕부 등이 당 말까지의 자료를 첨가했다.

송나라의 왕부王溥 등이 당나라의 국정과 제반 제도에 대한 연혁과 변천을 기술한 《당회요唐會要》 권35 학교 편에는 다음과 같은 기록이 나온다.

정관貞觀 5년(631년)에 태종은 여러 번 국학과 태학을 둘러보고 학사를 1,200칸으로 증축하게 하였다. 이에 고구려, 백제, 신라, 고창高昌, 토번吐蕃(티베트) 등 여러 나라의 족장들이 자제를 보내서 국학에 입학하기를 청하였다. 이때에 이르러 국학 내에는 8,000여 명의 학생이 있었으니 그 번성함은 유례를 찾아볼 수 없는 것이었다.

이처럼 전 세계에서 모여든 유학생들 가운데 수적으로나 질적으로 가장 두각을 나타낸 것은 신라 출신들이었다. 신라는 우리나라 최초의 여왕인 신라 제27대 선덕여왕(재위 632~647년) 9년에 처음으로 중국에 유학생을 보냈는데 8세기에 이르러서는 중국에 가장 많은 유학생을 보낸 나라가 되었다.

신라 말기의 학자이며 뛰어난 문장가였던 최치원崔致遠은 "지금 국자감國子監 (당나라의 국립대학) 안에는 신라의 마도馬道가 사문관四門館의 북랑北廊 안에 있고, 저 어리석고 굼뜬 여러 번방藩邦들은 적적하여 중간에 끊어졌다"고 이야기했다. 당시 당나라 국자감을 점령하다시피 한 신라인들의 자부심이 얼마나 대단했는지 알 수 있는 말이다.

처음 당나라로 간 신라 유학생은 왕족의 자제로 이른바 숙위宿衛였다. 숙위는 중국 당나라 궁궐에서 황제를 보호하고 지키는 주변 여러 나라의 왕자

**신라 말기의 대학자 최치원의 모습** ● 복식은 중국 당나라 형식으로 머리에는 복두幞頭를 쓰고 붉은색 단령團領을 입고 있다.

들을 일컫는 말로 현대적 의미의 인질과는 달리 당나라에서 많은 우대를 받았다. 그 후 신라는 귀족의 자제들도 선발해 요즘의 국비 유학생처럼 당의 국자감에 들어가 공부를 하게 했다. 이들의 수학 기간은 10년으로 책을 살 돈은 신라에서 냈고, 숙식비 등은 당에서 지불했다.

신라 전성기 때는 200여 명이 넘는 신라 학생들이 국자감에서 공부를 했다. 그런데 이들 가운데 일부는 공부를 마치고도 귀국하지 않으려 했던 것 같다.

《삼국사기》권11 〈문성왕文聖王 본기〉에 나오는 다음의 기록을 보면 그 같은 사실을 알 수 있다.

> 문성왕 2년(840년)에 당나라 문종은 홍로사鴻盧寺(국자감 관할로 외국인을 접대하는 기관)에 명하여 (신라의) 질자質子(볼모)와 기한이 넘은 학생까지 아울러 105인을 귀국시켰다.

당시 신라 유학생들이 진가를 발휘한 것은 빈공과賓貢科였다. 빈공과는 빈공진사과賓貢進士科의 줄임말로 당나라에서 외국 학생들을 대상으로 시행한 과거 시험을 말한다.

빈공과에 합격한 사람은 당나라 말기까지 58명, 이후 오대五代·양당梁唐 시기에 32명, 합쳐서 모두 90명인데 그중 신라인이 80명이었다. 이는 응시 인원이 많아서였을 수도 있지만 그만큼 신라 학생들이 우수했기 때문이라고 봐야 할 것이다.

10년, 아니 20년을 준비해도 좀처럼 과거에 급제하지 못했던 당나라 사람들은 해마다 급제자를 내고 있는 신라인들을 몹시도 부러워했던 모양이다. 오죽했으면 〈송우인급제귀해동送友人及第歸海東〉이라는 시까지 지었을까.

봄바람 해 뜨는 곳에서 부니 東風日邊起

초목도 한순간에 봄이 되었네. 草木一時春

이상도 하지, 이 중국의 도로는 自笑中華路

해마다 신라 급제자만 보내고 있으니. 年年送遠人

 

신라 유학생들은 빈공과에 합격한 후 당나라 머물며 제한적이기는 했지만 관직을 받아 활동했고, 일부는 외교 사절이 되어 신라로 오기도 했다. 이들은 당나라 문인이나 학자들과 교류하면서 뛰어난 식견을 펼쳐 신라의 학문 수준을 보여주었다.

**5** 측천무후의 존경을 받았던
승려 원측

신라의 불교와 승려는 일반 유학생 이상으로 당나라에서 명성을 날렸다. 승려들은 그 시대 최고의 지식인들이었다. 신라의 승려들은 다른 어떤 나라의 승려들보다 더 많이 당을 찾았고, 열성적으로 공부했다. 승려들이야말로 가장 국제화된 집단이었던 것이다.

현재 이름이 확인되는 승려는 170여 명이지만 실제로는 그보다 훨씬 더 많은 승려들이 당나라를 찾았을 것이다. 당 무종(재위 841~846년)이 불교를 탄압하여 수도 장안에 머물고 있던 21명의 외국인 승려를 귀국시켰는데 그중에서 절반가량인 10명이 신라 승려였을 정도였다.

일부 신라승은 위험을 무릅쓰고 불교의 발상지인 천축天竺(인도)에 다녀왔다. 671년 당나라 승려 의정義淨이 인도를 다녀와 쓴 여행기《남해기귀내전南海寄歸內傳》과《대당서역구법고승전大唐西域求法高僧傳》에 따르면 당시 인도를 다녀간 승려 56명 중 적어도 7명이 신라의 승려였다고 한다. 671년이면 신라와 당과의 관계가 좋지 않았을 때였으니 8세기에 이르러서는 훨씬 더 많은 신라승들이 중국과 인도로 구도의 길을 떠났을 것이다. 신라와 당나라의 인구를 비교해서 생각하면 신라인들의 열정이 어느 정도였는지 짐작할 수 있을 것이다.

이제 당시 유명했던 승려들에 대해 알아보자.

성덕왕 3년(704년)에 태어나 16세 때 중국으로 건너간 혜초慧超는 밀교密敎를 공부하다 723년경에 인도로 구법 순례를 떠난다. 인도로 갈 때는 바닷길을 이용했는지, 육로를 이용했는지는 불분명하지만 혜초는 만 4년 동안 인도를 여행하고 돌아올 때는 파미르고원을 넘어 카슈미르·아프가니스탄·중앙아시아 일대를 거친 육로를 택했다. 그 과정

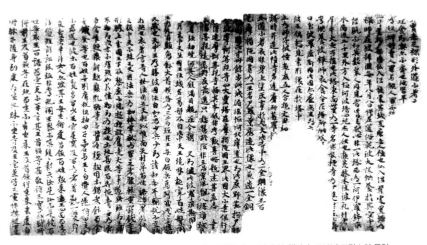

《왕오천축국전》 ● 혜초가 고대 인도의 5천축국을 답사한 뒤 727년에 쓴 책이다. 1908년 프랑스의 동양학자 P. 펠리오P. Pelliot가 중국 북서 지방 감숙성의 돈황 천불동 석불에서 발견하였으며 중국의 나진옥羅振玉이 출판하여 세상에 알려졌다.

을 기록한 책이 바로 《왕오천축국전往五天竺國傳》이다. 이 책은 남아시아, 서아시아, 중앙아시아 51개 국가와 지역에 대한 역사와 지리는 물론 당시 중앙아시아의 국제 관계사와 민속 등을 기록해 세계 4대 여행기의 하나로 꼽히고 있다.

혜초는 이후 장안의 천복사薦福寺와 대흥선사大興善寺에서 밀교 경전의 번역과 연구에 전념한다. 말년에는 중국 오대산에 있는 건원보리사乾元菩提寺에 들어가 번역 일을 하다 780년에 입적했다. 혜초는 동아시아 최고의 밀교 고승으로 당시 중국에서 가장 존경받는 승려 가운데 한 사람이었다. 당나라 대종 때 가뭄이 길어지자 당 황실은 혜초에게 기우제를 지내줄 것을 요청하기도 했다.

**중국 유일의 여황제 측천무후의 초상 ●** 당 고종의 황후였지만 690년 국호를 주周로 고치고 스스로 황제가 되어 15년 동안 중국을 통치하였다.

원측圓測은 627년 15세 어린 나이에 당나라로 건너가 주로 경전 번역에 참여했다. 그는 중국어는 물론 산스크리트어(인도어) 등 6개 국어에 능통했다. 또 해박한 지식과 뛰어난 인품을 지녀 당나라의 실권자였던 중국 역사상 유일한 여황제인 측천무후則天武后로부터 부처처럼 존경을 받았다고 한다. 지금도 중국 산서성 서안의 흥교사興敎寺에 원측의 탑이 있다.

지장地藏(신라 왕자인 김교각金喬

覺)은 보타산普陀山·아미산峨眉山·오대산五台山과 더불어 중국의 4대 불교 성지로 꼽히는 구화산九華山에서 불법을 닦고 화엄경을 설파하여 중생을 구제하는 지장보살의 화신으로 추앙받았다.

이 밖에도 독자적인 선사상으로 중국 사천四川 지방에서 선종의 기반을 확립했던 무상無相, 당나라 최고의 승려 현장법사玄裝法師의 문하에 들어가 불경을 번역했던 신방神昉, 절강성 등 남중국 일대에서 누더기 옷을 걸치고 불법을 전파해 누더기 스님으로 알려진 영조靈照 등 수많은 신라승들이 당에서 활약했다.

또 원효는 비록 당나라에서 공부하지는 않았지만 그의 이론은 중국 화엄종의 교리 형성에 큰 영향을 미쳤다. 당나라로 유학을 가던 도중 간밤에 마신 물이 해골에 고여 있던 썩은 물이라는 것을 알고 큰 깨달음을 얻은 원효는 그 길로 신라로 되돌아왔다. 그가 지은 《십문화쟁론十門和諍論》은 산스크리트어로 번역돼 인도에 소개되기도 했다.

당시 한 나라의 불교 수준이 그 나라의 철학과 사상의 수준으로 여겨질 정도로 불교는 세계적인 종교였다. 따라서 신라승들이

**원효대사** ● 일본 쿄토에 있는 원효대사의 초상.

47

세계 최고 수준의 불교 철학을 완성해냈다는 것은 신라의 사상과 지식이 세계 최고 수준에 도달했음을 말해준다.

# 6

## 무슬림과 쌍벽을 이룬
## 디아스포라, 신라방

21세기 한국인들은 세계 각국에 나가 살고 있다. 비공식적인 통계이긴 하지만 약 700만 명 이상의 한국인이 세계 곳곳에서 살고 있다고 한다. 이처럼 조국을 떠나 사는 사람들을 영어로는 '디아스포라Diaspora'라고 하는데 아시아에서는 한국인의 숫자가 중국인과 인도인 다음으로 많다고 한다.

우리는 한국인 디아스포라의 원형을 통일신라시대 신라방에서 찾을 수 있다. 이주의 원인이 어디 있든 간에 디아스포라야말로 개방화의 또 다른 모습이다.

산둥반도를 비롯해 중국의 바닷가에는 신라인들이 사는 신라방, 신라촌이 광범위하게 퍼져 있었다. 당은 중국의 어느 왕조보다 더 국제화되고 개방된 국가였다. 당나라 조정은 자신의 나라에 체류하는 이민족들의 사회 경제적 지위를 율령으로 보장해줬다. 이민족들도 중국인과 결혼하고 무역을 할 수 있었다.

이 같은 개방 정책으로 중국 곳곳에 이민족들의 집단 거주지, 번방藩坊이 형성됐다. 그중 가장 유명한 것이 중국에 온 무슬림들이 광동, 천주, 양주 등지에 설립했던 번방이었다. 당 말기에는 중국 남부에 수십만 명의 무슬림이 살고 있었다고 한다. 이들은 번방 내에서 고유의 종교를 믿고, 의상을 입고, 음식을 먹는 등 자신들의 문화를 유지했다.

이들의 번방과 쌍벽을 이룬 것이 바로 신라방이었다. 신라방의 중심지역은 산둥반도와 강소성江蘇省 일대였다. 이는 앞서 중국 남부까지의 무역은 아랍인들이, 북부는 신라인들이 맡았던 것과 일치한다. 당시 중국 연안의 신라인 사회는 어느 정도 자치권을 가지고 있었고, 신라인 무역상도 같은 자치권을 인정받았던 것으로 보인다. 라이샤워 교수는 이러한 신라인 집단 거주지를 조계colony, 조계의 책임자를 총독general manager이라고 불러 관심을 모았다.

신라인들의 거주지 모습이 어떠했는지는 엔닌의 《입당구법순례행기》를 보면 알 수 있다. 재당 신라인들에게 신세를 졌던 엔닌은 이 책에 자신이 본 신라인들을 잘 기록해놓았다. 엔닌이 머물렀던 산둥반도 문등현 적산촌에 있는 적산법화원赤山法華院은 장보고張保臯가 세운 절이었다. 이곳에서 법화경 강의가 있었는데 매일 참석하는 사람이 40여 명이었고, 많게는 250명이 참석할 때도 있었다. 이들은 모두 신라인이었다고 한다. 또 법화원에는 27명의 승려가 있었는데 역시 모두 신라인이었으며 예불은 신라 말로 이뤄졌다. 8월 보름에는 신라인들이 모여 잔치를 하는데 3일 밤낮을 이어서 먹고 마시고, 춤추며 노래를 불렀다. 먼 타향에서 추석 명절을 지내는 신라인들의 모습이 떠

**적산법화원 ●** 장보고가 세운 적산법화원과 장보고의 동상.

오른다.

　신라방의 신라인들은 대부분 일시적인 체류자가 아니라 뿌리를 내리고 살려는 정주자들이었다. 그들 중에는 공부하러 온 사람들도 있었지만 경제적 이유로 서해를 넘어온 사람들이 상당수였다. "헌덕왕 8년(816년)에 신라에 흉년이 들어 신라인 170명이 중국의 절강 동쪽 지방으로 먹을 것을 구하러 갔다"는 기록에서 알 수 있듯이 당시 신라인들은 쉽게 황해를 건너갔다. 또 당의 개방적인 정책으로 어렵지 않게 정착할 수 있었을 것으로 보인다. 이들은 해안가나 중국 남부, 그리고

**장보고 ◉** 장보고의 실제 모습으로 추정되는 일본 미이데라三井寺의 신라명신상新羅明神像.

북경을 잇는 대운하 인근에서 조선업과 운수업 등을 하며 부를 쌓았다.

신라방은 일시적으로 중국을 찾은 신라인들에게 편의를 제공하는 역할까지 했다. 따라서 당시의 세계 제국이었던 당나라 내의 신라방은 현재의 세계 제국인 미국 곳곳에 있는 한인 타운과 비슷하다고 할 수 있겠다.

신라방의 신라인들은 모국에 있는 신라 사람들과 신속하게 정보를 주고받았다. 엔닌의 기록에 따르면 이 지역 사람들은 839년 4월 2일에 장보고가 난을 일으켰다는 것과 4월 20일에는 장보고의 지원을 받은 신무왕이 왕위에 올랐다는 사실을 불과 며칠이 지나지 않아 알았다고 한다. 그만큼 빨리 신라의 정가 소식이 전달된 것이다.

얼마 전 미국에서 미국에 이주한 1세대들을 대상으로 모국에 대한 관심도를 조사했는데 그 결과 한국 출신이 1위를 차지했다고 한다. 멀리 이국땅에 살고 있어도 조국에 대한 관심이 높기는 마찬가지였던 것 같다.

또 신라방끼리는 유기적으로 연계되어 있었다. 여기서 관심을 끄는 것은 명주明州(지금의 영파시)의 신라방과 신라인들이다. 엔닌에 따르면 일본인들이 귀국선을 잡기 위해 양쯔강 하구인 명주로 가는 도중에 만난 신라 무역상 12명 가운데 6명이 명주 출신이었다고 한다. 왜 명주 출신이 그렇게 많았을까?

# 7 해양 철기 세력 탈해왕과 절강성에 산재한 신라 지명

앞 장에서 말한 명주 지역은 신라 4대 탈해왕(재위 57~80년)과 관계가 있다. 《삼국사기》에는 탈해脫解의 출신과 관련된 다음과 같은 기록이 있다.

다파라국多婆那國 왕이 여국女國 왕의 딸을 맞아들여 아내로 삼았다. 왕 비는 임신한 지 7년째 되는 해 큰 알을 낳았다. 왕은 "사람이 알을 낳은 것은 상서롭지 못한 일이니 당연히 버려야 한다"고 하였다. 하지만 왕비 는 차마 그렇게 하지 못하고 알을 비단으로 싸서 보물과 함께 궤짝 속에 넣어 바다에 띄워 보냈다.

처음에 금관가야의 바닷가에 이르렀으나 가야 사람들이 괴이하게 여 겨 궤짝을 거두어들이지 않았다. 궤짝은 다시 흘러가 진한辰韓의 아진포 阿珍浦 어구에 이르렀다. 시조 혁거세赫居世가 왕위에 오른 지 39년 되는 해였다. 그때 바닷가에 있던 할멈이 궤짝을 발견하고 줄로 끌어 당겨서 열어보니 작은 아이가 있어 데려와 길렀다. 아이는 자라자 키가 9자나 되었고 인물이 빼어나고 환했으며 지식이 남들보다 뛰어났다.

하지만 《삼국유사三國遺事》에 기록된 내용은 몇 가지 부분에서 차이를 보인다. 《삼국사기》는 "금관가야 사람들이 궤짝을 보고 괴이하게 여겼다"고 했지만 《삼국유사》에는 "금관가야에 이르자 수로왕이 백성들과 함께 북을 치고 떠들면서 맞으려 했지만 배가 달아나 아진포로 갔다"고 되어 있다. 또 《삼국유사》는 할멈의 이름을 아진의선阿珍義先이라 했고 그녀가 배에 실린 궤짝을 열자 사내아이와 7가지 보물과 노비로 가득 차 있었다고 한다. 사내아이가 "나는 본래 용성국龍城國의 왕자"라고 말했다는 이야기도 나온다.

그런데 탈해가 정권을 잡는 과정이 재미있다. 《삼국유사》에 나오는 내용을 간추리면 다음과 같다.

아진포를 떠나온 탈해는 토함산에 올라 돌무덤을 쌓고 그 속에서 지내며 7일 동안 서라벌을 관찰하였다. 그러다 살기 좋은 곳을 발견하고 반월성半月城(월성) 터로 내려왔다. 하지만 그곳에는 이미 호공瓠公이라는 사람이 살고 있었다. 탈해는 그 집 옆에 몰래 숫돌과 숯을 묻고 다음 날 호공을 찾아가 "이 집은 내 조상의 집이었다"고 주장했다. 호공이 이를 받아들이려 하지 않자 탈해는 관가에 가서 "우리는 대장장이인데 잠시 이웃 마을에 가 있는 동안 다른 사람이 우리 집에 들어와 살게 되었다. 땅을 파서 사실 여부를 확인해보자"고 했다. 탈해의 말대로 땅을 파보니

**월성 터 ◐** 신라시대 월성이 있었던 곳의 지금 모습.

숫돌과 숯이 나와 결국 그 집을 차지했다. 그의 지혜를 높이 산 남해차차웅南解次次雄(남해왕)은 탈해를 사위로 삼았다.

　남해차차웅은 죽을 때가 되자 "아들이든 사위든 나이 많고 현명한 사람으로 하여금 왕위를 계승케 하라"는 유언을 남겼다. 남해차차웅이 죽자 아들인 유리儒理는 탈해에게 왕위를 양보하려고 했다. 탈해 또한 왕위를 양보하려는 마음에 "선왕께서 이가 많은 사람에게 왕위를 물려주라 했으니 누구 이가 많은가 대어보자"고 한다. 그래서 서로 떡을 물어 누구의 이가 많은지 겨루었는데 그 결과 유리의 이가 많은 것으로 판명돼 유리가 왕위에 올랐다. 33년 간 재위한 유리는 죽음을 앞두고 자신의 아들 대신 경험 많은 노인 탈해에게 왕위를 물려주었다.

여기서 확실한 것은 탈해가 바다를 넘어온 이주민이었다는 점, 숯과 숫돌은 대장장이의 작업 도구와 연료로 탈해 또는 탈해의 무리가 철을 잘 다루는 집단이었다는 점, 유리왕과 탈해가 왕위를 놓고 경쟁을 벌였다는 점이다(서로 양보했다고 하지만 이빨의 수를 대어봤다는 것은 경쟁이 있었다는 것이고, 아들이 아닌 매제에게 왕위를 넘겨준 것은 정상적인 왕위 계통이 아니라 정변이 있었다는 것을 은유적으로 표현한 것이다).

이를 정리해보면 철기 문화를 가진 외래 해양 세력이 신라로 와서 정권을 장악했다는 설명이 가능하다. 탈해가 남해차차웅의 사위라는 것은 정권을 얻은 탈해에게 정통성을 부여하기 위해 동시대, 혹은 후대의 사람들이 지어낸 이야기일 가능성이 높다. 이는 역사서에서 흔히 쓰이는 수법이다.

그러면 탈해가 태어난 다파라국 또는 용성국은 어디일까? 서울대 박창범 교수는 《하늘에 새긴 우리 역사》에서 《삼국사기》에 나오는 "신라의 일식 기록은 서기 201년 이전과 787년 이후로 양분되어 있다. 그중 서기 201년 이전 상대 신라의 일식 최적 관측지는 양쯔강 유역으로 나타났다. 서기 787년 이후에 나오는 하대 신라에서는 한반도 남부가 최적 관측지로 밝혀졌다"고 말한다. 박창범 교수는 그 이유를 신라를 이룬 많은 민족들 중에 양쯔강 하류에서 온 사람들도 있었고, 그들이 가져온 일식 관측 기록이 《삼국사기》〈신라 본기〉에 들어갔기 때문이라고 보고 있다.

또 중국의 다른 지역에서는 발견되지 않는 지석묘支石墓(고인돌)가 양쯔강 하류 절강성 지역에서 발견된다. 지석묘는 한반도 남부에서 대량으로 발견된 유물이다. 또 이 지역에서는 논을 '누오'라고 발음한다.

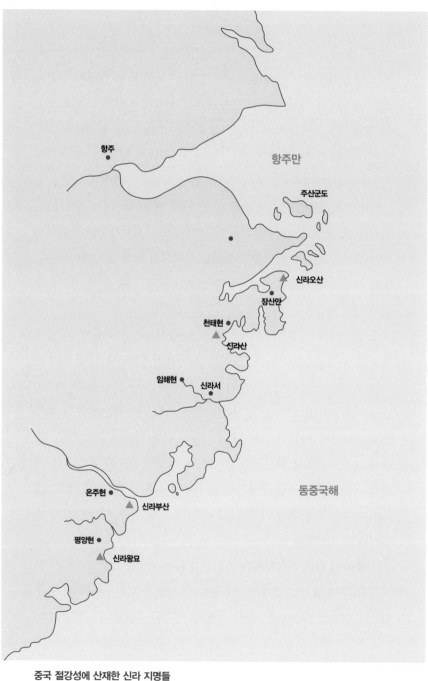

**항주**

**항주만**

**주산군도**

**신라오산**

**장산만**

**천태현**
**신라산**

**임해현**    **신라서**

**동중국해**

**온주현**    **신라부산**

**평양현**
**신라왕묘**

중국 절강성에 산재한 신라 지명들

우리말 발음과 비슷하다. 참고로 중국 한자를 남방 발음으로 읽으면 우리가 한자를 읽는 것과 아주 비슷하다.

2세기경에 쓰인 중국의 지리서 《절강통지浙江通誌》에는 절강성 연안에 신라오산新羅奧山, 신라산新羅山, 신라서新羅嶼, 신라부산新羅浮山 등의 지명이 있었다는 기록이 나온다.

그런데 《삼국사기》에 따르면 기림왕 10년(307년)에 처음으로 신라를 나라 이름으로 쓰기 시작했고, 그 후 사라斯羅·신로新盧·신라新羅 등의 명칭을 쓰다가 지증왕 4년(503년)에 정식으로 신라를 국호로 채택했다고 한다. 한반도에서 신라라는 이름을 쓰기 전에 중국 남부에서 먼저 그 이름을 사용하고 있었던 것이다.

이를 바탕으로 탈해 집단이 양쯔강 하류에서 선진 문물을 가지고 신라로 들어왔을 거라는 추정을 해볼 수도 있다. 신라 통일 이후 이 지역에 신라방이 많이 형성된 것도 이런 역사적 배경으로 인해 생긴 문화적 유대 의식 때문이었을 거라는 생각이 든다.

이처럼 한국인들의 핏속에는 바다에 익숙한 기질이 녹아 있었다. 수백 년 후에 등장하는 해양 국가 신라의 모습은 이미 이때부터 잉태되어 있지 않았을까?

**8**

# 흉노 김일제에서 시작된
# 김씨 왕족

○
○

이번에는 대륙에서 건너온 신라인들에 대해 알아보자. 박혁거세가 북방계이고 남하해 신라 6촌을 장악했다는 것은 익히 알려진 사실이다. 더 나아가 신라인에게는 저 대륙에서 말 달리던 유목 민족의 피가 섞여 있다는 주장도 있다.

《삼국사기》〈고구려 본기〉 동천왕조에는 다음과 같은 기록이 나온다.

동천왕 20년(246년) 8월 위魏나라(당시 북중국에 있었던 선비계의 나라) 유주자사幽州刺史 관구검田丘儉이 침범하였다. 10월 남옥저에서 위나라의 추격군을 격파하였다.

즉 고구려군이 관구검에 밀려 쫓기다가 남옥저에서 전세가 역전돼 위군을 물리쳤다는 것이다. 남옥저라면 지금의 강원도 북부 지역이다.

그런데 이 전투에서 패한 위군의 일부가 다시 본국으로 돌아가 이에 대한 기록을 남겼다. 다음은 북위北魏·북제北齊·북주北周와 수나라의 역사를 다룬《북사北史》〈신라전〉에 나오는 기록이다.

혹자는 말하기를 "위나라 장수 무구검毋丘儉(관구검)이 고려(고구려)를 처서 깨치고 옥저로 도망했다가 그 뒤에 다시 자기 나라로 돌아갔는데 이때 그곳에 남아 있던 사람들이 드디어 신라인이 되었다. 그 사람들이 섞여 살아서 신라에는 화하인華夏人도 있고 고려인도 있고 백제인도 있다"고 한다.

앞의 기록과 이 시기의 것으로 추정되는 낙동강 유역의 기마병 유물을 고려한다면 이때 고구려군에 패해 낙동강 유역으로 들어온 위나

**환도성 ◑** 관구검이 침략했던 환도성 터의 유적. 지금의 중국 길림성 집안현 지역이다.

**경주계림로보검 ○** 경
상북도 경주시 황남동 미
추왕릉 지구에서 발견되었
다. 길이 36센티미터. 보물
제635호. 국립경주박물관
소장.

라 군사 중 일부는 선비계의 기마병이었을지
도 모른다.

그로부터 100년 뒤인 4세기 후반, 경주에는
이전에 볼 수 없었던 거대한 적석목곽분績石木
槨墳(돌무지덧널무덤)들이 등장한다. 조상을 모
시는 장묘 문화야말로 가장 변화가 없는 법이
다. 카자흐스탄이나 알타이산맥 주변에 널리
분포되어 있는 적석목곽분은 중국이나 고구
려, 백제에서는 사용되지 않았었다. 더 놀라운
것은 그 안에서 발견된 유물들이다.

천마총天馬塚에서 출토된 거북등무늬 유리잔
은 지중해 동해안에서 흑해 주변을 거쳐 독일
에서까지 발견된다. 황남대총皇南大塚 남분南墳
에서 나온 은으로 만든 정강이 가리개는 동시
대 로마군이 사용하던 것이다. 뿔잔은 유목 민
족의 전형적인 유물로 만주 지역에서는 발견된
적이 없다. 오직 4~6세기의 신라, 가야 지방에
서만 발견된다. 황금 보검은 그 비슷한 것을 불
가리아에서 볼 수 있다.

따라서 4세기 중후반에 신라에는 거대한 새로운 문화가 등장했으
며, 이는 외부에서 들어온 것이라고밖에 설명할 수 없다.

그러면 어떻게 들어왔을까? 이 시기 신라에는 내물왕이라는 전혀
새로운 형태의 왕이 등장한다.《삼국사기》에는 흥미로운 사실이 기록

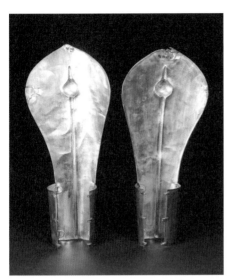

**황남대총 은제 팔뚝 가리개 ⊙** 황남대총에서 발견된 은제 팔뚝 가리개. 가운데 부속은 팔뚝을 보호하며, 팔꿈치 쪽이 넓고 팔목 쪽이 좁다. 국립중앙박물관 소장.

**가야 지역의 뿔잔 ⊙** 짐승의 뿔 모양과 흡사하게 만들어진 잔은 처음에는 실제 뿔을 이용하여 음료를 마시던 것에서 시작되어 금속이나 토기로 제작하게 되었다. 국립중앙박물관 소장.

돼 있다. 내물왕 26년(381년) 신라 역사상 처음으로 중국에 사신을 파견하는데 신라 사신 위두衛頭에게 전진前秦 왕 부견符堅이 묻기를 "그대의 말을 들어보니 해동의 일들이 예전과 같지 않은 무슨 까닭인가?"라고 하였다. 위두가 대답하기를 "역시 중국에서 시대가 변하고 명분과 국호가 바뀌는 것과 마찬가지이니 지금 해동이 어찌 예전과 같겠습니까?"라고 말하였다. 왜 이런 대답을 했을까?

342년 고구려에서는 큰 참사가 벌어졌다. 당시 북중국과 몽골 지역을 지배하던 선비족 유목 민족 국가 전연前燕의 침공으로 수도인 국내

성이 함락되고 왕대비와 왕비가 포로가 된 것이다. 그러나 고구려 주력군은 남아 있어 곧 반격을 취한다. 언론인이자 사학자인 장한식 씨는 전연의 기마 민족 부대 일부가 고구려 깊숙이 들어왔다가 배후가 차단당한 것으로 본다. 즉 전연 왕의 주력군과 떨어진 일단의 부대가 고구려군에 밀려 동해안까지 갔다는 것이다. 이 기마군은 이어 동해안을 따라 남진하다 신라까지 들어가 쉽게 신라를 지배했다는 주장이다.

이때 신라의 왕은 흘해왕인데《삼국사기》에는 흘해왕 36년(345년)에 강세康世라는 인물이 갑자기 이벌찬으로 등장하고 이어 왜에게는 국교를 끊는 강공책을 쓰고 다음해(346년) 왜병이 금성을 공격해오자 강세가 굳센 기병을 이끌고 왜병을 쫓아버린다는 기사가 나온다. 강세와 기병이 나오면서 갑자기 국력이 강해진 것이다.

이어 10년 뒤 흘해왕의 아들이 아닌 사람이 갑자기 왕위에 오른다. 내물왕이다. 내물왕은 김씨 왕으로 분류되는데《삼국사기》는 내물왕이 미추왕의 사위라며 두 사람을 연결 짓고 있다. 앞서 탈해왕의 경우처럼 또 장인과 사위이다.

그런데 중국 최초로 역대 제도와 문물을 기록한《통전通典》에는 전진 왕 부견이 내물왕의 사신에게 왕의 이름을 묻자 사신이 '모루한模褸寒'이라고 대답했다는 기록이 있다. 이에 대해 내물왕의 사신이 마립간이라는 왕의 칭호를 말한 것이라고 해석하는 학자들도 있지만 문제는 그 후 신라에서 모씨 성이 많이 나온다는 점이다.

《삼국사기》에는 법흥왕의 이름이 모태募泰 또는 모진募秦인 것으로 되어 있으며《삼국유사》에는 신라 눌지왕 때의 충신 박제상朴堤上의 이름을 모말毛末이라고도 한다고 되어 있다. 또한《일본서기》에는 박제상의 이름이 모마리질지毛麻利叱智로 기록되어 있다. 당시 신라에는 김씨가 없었다. 법흥왕 말에 모씨들이 김씨나 박씨로 바뀌고 이름도 중국식으로 바뀌면서 후대 역사책에 그 이름들이 기록되어 있는 것이다.

참고로 342년 고구려를 침공했던 전연의 왕족 성씨는 모용慕容이었다.

이때 유목 민족이 들어왔다면 이들은 동서 문명의 접목 지역에 살았기 때문에 흉노계 선비, 중앙아시아의 돌궐, 페르시아, 슬라브족 등 다양한 민족의 문화를 접했을 것으로 보인다.

이들이 들고 온 물건들이 무덤의 부장품으로 오늘날 우리가 볼 수 있게 된 것이다. 혹자는 이러한 문물들이 동서 교류의 결과라고 하지만 역사책 어디에도 당시 신라가 중국을 넘어 서역 지방과 교류했다는 기록이 없다.

신라 왕족과 유목민과의 연결의 단서를 문무왕 비문에서 찾으려는 연구도 있다. 문무왕 비문에는 혈통을 설명하면서 "지枝의 이어짐이 비로소 생겨 영이한 투후鴺侯 제천지윤祭天之胤이 7대를 전하였다"는 기록이 있다. 여기서 주의를 끄는 단어가 투후 제천지윤이다. 투후는 중국의 한漢 무제 때 포로가 된 흉노족 태자 김일제金日磾(기원전 134년~기원전 86년)를 말하는 것으로 추정된다. 김일제는 흉노 왕 휴도休屠의 아들로 중국에 끌려온 뒤 김金씨 성을 하사받아 한나라에서 요직을 지냈다. 그런데 그의 후손들이 전한을 멸망시킨 왕망王莽과 운명을 같이하다 난을 피해 한반도로 넘어와 신라 김씨계가 됐다는 주장이 나오고 있다.

또 2009년 7월 18일 방영된 KBS 역사스페셜에서는 유라시아 지역

**김일제와 휴도왕 ○** 김일제(좌)와 휴도왕(우)의 모습을 담은 중국 무덤군의 조각.

의 흉노족 유골과 신라 고분에서 나온 유골의 유전자를 비교해본 결과 유전적 유사성이 밝혀졌다고 주장했다.

이러한 여러 주장으로 미루어볼 때 신라 김씨 계열의 왕들과 유목 민족과의 관계를 부인하기는 어려워 보인다.

신라는 이처럼 수많은 이주민들이 세운 국가였다. 초창기 북쪽에서 내려온 박혁거세를 필두로 이후 바다를 건너온 탈해, 유목 기마 민족으로 추정되는 김씨 계열의 왕들까지 다양한 민족이 신라에 들어왔다. 초창기부터 그 어느 국가보다도 개방성을 가지고 있었던 것이다.

유목 기마 민족의 강건한 기풍과 열린 문화는 훗날 신라가 삼국을 통일하는 기반이 됐다. 해양 민족의 진취적인 문화는 신라가 8~9세기에 해양 국가를 이루는 토대가 됐다. 바로 신라인의 핏속에는 저 유라시아 대륙을 누볐던 유목 기마 민족과, 동지나해를 넘나들던 해양 민족의 넘치는 개방의 정신이 흐르고 있었던 것이다. 그 피를 바로 우리가 이어받았다.

# 한민족의 시원을 간직한
# 바이칼호수

우리 민족의 시원과 관련해 여러 설이 있지만 한반도의 남부에는 앞서 거론된 것처럼 해양을 통해 건너온 이주민들이 많이 살고 있어 유전자적으로 남중국계와 비슷한 형태를 보이는 경우가 많다. 그러나 북쪽으로 갈수록 대륙계, 즉 시베리아와 몽골 유목 민족의 유전자와 비슷하다. 이와 관련해 흥미로운 것이 시베리아 바이칼 인근의 종족과 전설들이다. 바이칼 인근 몽골인들에게는 잘 알려진 코리족 전설 이야기를 해보자.

시베리아 바이칼호수에 알혼섬이 있다. 이 섬은 코리족의 탄생지로 알려져 있다. 황소가 하늘에서 내려온 백조를 부인으로 맞아 11형제를 낳았는데 이들로부터 코리족이 시작됐다는 것이다. 이 코리족의 한 분파가 바이칼에서 동남쪽으로 이동해 코리→고리→고려(고구려를 본래 고려라고 부른다)를 이루었다는 것이다. 《후한서後漢書》나 《양서梁書》

**바이칼호수 ○** 한민족의 시원에 관한 전설이 담겨 있는 바이칼호수의 모습.

에서는 주몽을 "북이北夷(동이東夷가 아님을 주목하자) 고리국槁離國인"이라고 했다. 그리고 청淸대 한자 대사전이랄 수 있는 《강희자전康熙字典》에서는 고려의 '려麗'를 '리'로 발음한다고 되어 있다. 또 이 지역에서는 명사수를 투멘이라고 하는데 이 또한 주몽(부여에서 활을 잘 쏘는 사람을 주몽이라고 불렀다고 한다)과 발음이 비슷하다. 몽골 초원에서 바이칼로 흐르는 셀렝게강변에는 버드나무가 많다. 몽골에서는 버드나무와 자작나무가 신화의 대상이다. 주몽의 어머니는 물의 신 하백河伯의 딸 유화柳花 부인, 즉 버드나무 꽃 부인이다.

현재 바이칼호수 동쪽에는 몽골족의 한 분파인 부르야트족이 살고 있다. 혹자는 이 부르야트가 부여일 가능성이 높다는 이야기도 하고 있다. 부르야트인들은 샤먼을 지칭하는 말로 뵈Bö 외에 아르바이Arbai

부르야트족 샤먼의 모습.

를 사용하기도 하는데 여기서 r 발음이 약화돼 아바이Abai로 부르기도
한다. 그렇다면 코리족이었던 주몽이 지금의 셀렝게강변에 있던 부르
야트족의 나라인 북부여에서 탈출해 남쪽으로 내려와 고리국(고려)를
세우지는 않았을까?

앞서 말한 알흔섬에는 부르한Burkhan 바위가 있는데 바이칼 샤머니
즘의 중심이다. 그런데 백두산의 옛 이름이 불함산이다. 이 때문에 최
남선은 시베리아, 몽골, 만주와 한반도를 불함문화권으로 부르기도
했다. 최남선을 불함을 '밝'다는 의미로 파악했는데 몽골 고어에서는
부르한이 하느님이란 뜻이다.

또 몽골인들은 한국을 솔롱구스라고 한다. 바이칼 인근에는 솔론
Soklon족이 있는데 이들과 한민족의 관계는 어떤 것일까? 또 인근에는

바이칼 샤머니즘의 중심인 부르한 바위의 모습.

오랑키족도 있다. 또 조선朝鮮이란 이름과 관련해 아침 햇살과는 전혀 관계가 없는 순수한 옛 고조선 말을 한자어로 옮기면서 생긴 단어라는 주장도 있다. 즉 '조'는 순록 유목민을 가리키는 몽골어인 차아탕의 차아chaa와 비슷한 말인데 이는 '어디를 향하여 가다'는 의미라고 한다. 선은 순록의 먹이인 시엔xian에서 나온 말이라고 한다. 그렇다면 조선은 '차아시엔', 즉 순록의 먹이를 찾아 가는 부족들을 가리키는 말을 한자어로 옮긴 것이라는 추정이 나온다. 이와 함께 시베리아 예니세이강에서 바이칼호수와 동북몽골 대초원, 만주, 한반도로 이어지는 돌장승 문화도 눈여겨 볼 필요가 있다. 바이칼과 동북몽골, 남시베리아의 소수민족과 우리 민족과의 인류학적, 언어학적 연구가 빠른 시일 내에 있어야 할 것 같다.

# 처용과 무슬림들이 넘나들던 세계 도시 서라벌

전성기 때의 신라를 알기 위해서는 당시 서라벌의 모습을 살펴보는 것이 좋을 것 같다. 규모 면에서 당시 세계에서 가장 큰 도시는 세계 제국 당나라의 수도 장안과 사라센 제국의 수도 바그다드(현재 이라크의 수도)였다. 그다음으로 큰 도시로는 서라벌과 중국의 몇몇 도시, 그리고 일본의 나라 등을 들 수 있다.

당시 세계의 수도였던 당나라 장안의 크기는 동서의 폭이 9,712미터, 남북의 길이가 8,651미터, 면적이 약 84제곱킬로미터였고, 서라벌의 크기는 남북의 길이가 5,442미터, 동서의 폭이 5,341미터, 면적이 약 29제곱킬로미터로 장안의 3분의 1이 넘었다.

최전성기 때의 서라벌 인구는 약 17만 8,936호였다고 한다. 1호를 1가구로 보아 4인 가족을 기준으로 추정하면 70만 명이 넘는다. 그러나 70만 명이 29제곱킬로미터 내에 살았다면 지나치게 인구밀도가 높

신라의 왕경 복원 모형.

다. 따라서 17만여 호는 호구戶口, 즉 인구를 잘못 쓴 것이거나 아니면 도성 외곽의 가구 수를 전부 포함한 것일 수도 있다.

당시 유럽의 도시들은 대부분 인구가 수천 명 수준이었다. 2만 명이 넘으면 중심 도시였고, 대도시라 할 만한 파리나 런던도 인구 5만이 채 넘지 않았다.

서라벌은 문무왕 때부터 당의 영향을 받아 도시 전체를 정연한 방리제坊里制로 정리하고 직선 도로를 설치하는 등 새 도시로 거듭났다. 최근 발굴된 황룡사와 월성을 잇는 도로(왕경대로王京大路)를 보면 너비가 23미터로 요즘의 6차선 도로 이상이었다. 이는 최근 부여의 백제 사비성에서 발굴된 너비 9.8미터의 남북 방향 대로의 2.5배가 넘는 넓은 길이었다. 이 왕경대로를 중심으로 동쪽이 좌경左京, 서쪽이 우경右京으로 나뉘어져 서라벌의 영화를 누렸다.

서라벌의 랜드마크는 서라벌의 한복판에 있었던 황룡사구층목탑이었다. 황룡사는 우리나라 역사상 최대의 사찰로 절터의 면적만 불국사의 4배에 달하는 3만여 평이었다. 또 본당인 중금당中金堂만 하더라도 동서의 회랑 길이가 270미터, 남북이 110미터에 이르는 어마어마한 절이었다. 그중에서도 역시 사람들을 압도했던 것은 약 80미터, 25층 높이의 9층 목탑이다. 아시아 역사상 두 번째로 높은 목탑이었다. 첫 번째는 중국 북위 때 건립된 영녕사永寧寺 9층 목탑으로 높이가 134미터였다.

황룡사 9층 목탑은 꼭대기에 올라가 사방을 둘러볼 수 있도록 되어 있었다. 고려 명종 때의 문신 김극기金克己는 탑에 오른 감회를 시로 적어 표현했다.

**황룡사가 있었던 경주 황룡사지의 모습** ◐ 황룡사는 신라의 제일급의 대찰이었다. 창건 설화에 의하면 원래는 새로운 궁전을 지으려 하였는데 황룡이 나타나므로 신궁 건축의 계획을 바꾸어 사찰을 지었다고 한다.

층계로 된 사다리 빙빙 둘러 허공을 나는 듯 層層梯繞欲飛空

일만 강과 일천의 산이 한눈에 트이네. 萬水千山一望通

굽어보니 동도의 수없이 많은 집들 俯視東都何限戶

벌집과 개미집처럼 아득히 보이네. 蜂穴果蟻穴轉溟

    서라벌의 대표적인 건축물은 경덕왕 19년(760년)에 완공된 월정교였다. 발굴 결과 월정교의 길이는 무려 63미터로 한국 최고이자 최대의 석교로 판명되었다. 돌로 된 다리 위에는 나무로 만들어진 누각이 이어져 있어 장관을 이뤘다고 한다.

    이외에도 최근 복원된 안압지를 비롯한 각종 대형 건축물들은 신라의 번영을 보여준다. 서라벌 중심부에서 조금만 나가면 불국사와 석굴암 등 지금도 볼 수 있는 건축물이 있었지만 이들은 당시 서라벌 시내에 있던 대형 건축물에 비하면 아주 작은 편이었다.

그렇다면 당시 신라인들은 서라벌을 어떻게 보았을까? 그것은 《삼국사기》에 나오는 다음과 같은 기록을 보면 알 수 있다.

헌강왕 6년 9월 9일에 왕은 측근의 신하들과 월상루에 올라 사방을 둘러보았는데 서울의 민가들이 서로 이어져 있고 노래와 풍악 소리가 끊이지 않았다. 왕은 시중 민공敏恭에게 물었다.

"내가 들으니 지금 민간에서는 기와로 집을 덮지 띠로 덮지 않으며, 숯으로 밥을 짓지 나무로 짓지 않는다고 하는데 사실인가?"

민공은 대답하였다.

"저도 또한 그렇게 들었습니다."

전성기 때의 서라벌은 활짝 문을 연 개방 도시였다. 당시 신라인이 된 고구려, 백제, 말갈인은 물론 중국인과 일본인, 서역인들도 서라벌로 몰려들었는데 여기서는 서역 사람들을 중심으로 이야기하겠다. 이 또한 신라 사회의 개방성을 보여주는 좋은 예가 될 것이다.

《삼국유사》에는 우리가 익히 알고 있는 처용과 관련된 기록이 있다.

헌강왕이 신하들을 거느리고 개운포開雲浦(지금의 울산)에 놀러 갔다 돌아오는 길에 갑자기 구름과 안개가 몰려와 길을 잃었다. 신하에게 물으니 동해의 용이 심술을 부린다며 좋은 일을 해야 벗어날 수 있다고 대

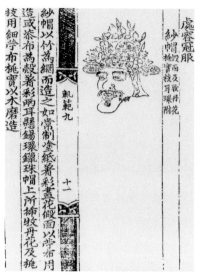

《악장가사(樂章歌詞)》에 실린 처용의 모습.

답하였다. 그러자 왕은 근처에 절을 지으라고 명하였다. 왕의 말이 끝나자마자 구름이 걷히더니 동해의 왕이 7명의 아들을 데리고 나타나 왕의 덕을 칭송하며 노래하고 춤을 추었다. 용은 또한 그중에 한 명을 보내 왕을 돕도록 하였는데 그가 바로 처용處容이다.

처용의 처處는 '머물다', '살다'는 뜻을 지니고 있고 용容은 '담다', '받아들이다'는 뜻을 지니고 있다. 즉 처용이라는 이름 자체가 '머물러 사는 것이 허용된 사람'을 의미하고 있다. 또한《삼국유사》는 처용의 생김새가 심목고비深目高鼻, 즉 눈이 쑥 들어가 있고 코가 높다고 기록하고 있다. 아랍계 사람이었던 것 같다.

경주 괘릉掛陵에 있는 무사상 역시 눈이 깊고 코가 높은 서역인 모습을 하고 있다. 기마 인물형 토기에 묘사된 무사도 코가 우뚝 서 있고 턱수염을 길게 기르고 있다. 당시의 석공이나 조각가들이 어떻게 서역인 모습을 알 수 있었을까? 상상 속의 인물을 조각한 것은 아닐 터이니 아마도 주위에 있던, 흔히 볼 수 있는 인물들을 조각하거나 석상으로 만들어 왕릉의 옆에 세워놓았을 것이다. 달리 말하면 상당수의

**서역인상 ⊙** 서역에서 온 무인 조각상(좌)과 문인 조각상(우).

서역인들이 신라 조정 내에서 비교적 높은 지위를 차지하고 있었을 것이라는 추정을 가능케 한다. 아니면 앞서 4세기에 갑자기 신라의 지배 계층이 된 기마 민족 가운데 상당수가 서역인들의 모습을 했을 수도 있을 것이다.

그렇다면 당시 서역인들은 신라를 어떻게 생각했을까? 846년에 최초의 필사본이 나온 이븐 쿠르다지바의 《도로 및 왕국 총람》에는 다음과 같은 기록이 나온다.

중국의 저쪽 감숙甘肅 맞은편에 산이 많고 왕이 많은 한 나라가 있는

데 신라라고 불린다. 그곳은 금이 풍부하다. 그곳으로 간 무슬림들은 좋은 환경에 빠져 영원히 정착해버리곤 한다.

이보다 1세기 후에 나온 아랍의 역사학자이며 문학가인 알리 알-마수디Ali al-Masudi의 《학습과 개관서》에도 비슷한 기록이 있다.

중국 해안의 맞은편 지역에 대해서는 신라와 그 부속 도서들을 제외하곤 잘 알려져 있지 않다. 이라크인과 다른 외국인들이 그곳에 정착하여 조국으로 삼았다. 그들은 신선한 공기, 깨끗한 물, 기름진 토지, 늘어나는 이익과 수입의 증대, 풍부한 광물질과 보석류 때문에 그곳을 떠나려 하지 않는다. 그곳을 떠난 자는 매우 적다.

여기서 우리는 이라크인이라는 표현에 주목할 필요가 있다. 13세기 말에 살았던 아랍인 디마쉬끼Dimashqi가 쓴 《대륙과 대양의 경이에 대한 시대적 정선》이라는 책에 다음과 같은 구절이 있다.

중국의 아래쪽 바다에 신라라는 여섯 개의 큰 섬으로 이루어진 나라가 있다. …… 우마이야Umaiya 왕조의 박해를 피한 알라위Alawi들이 이곳에 숨어들었다. 생활환경이 매우 좋지 않은데도 아무도 이곳을 떠나려 하지 않는다.

이를 통해 이라크인이 알라위일지도 모른다는 추측을 해볼 수 있다. 알라위란 이슬람의 정통 칼리프 시대(632~661년)의 4대 칼리프 알리

Ali를 추종하는 무리의 일파로 알리가 살해되고 무아위야Muawiyah가 다마스쿠스에 우마이야 왕조를 건립하자 여러 지역으로 망명했다. 일부는 중국의 동남부 해안으로까지 도피한 것으로 알려져 있다. 그렇다면 이들 중 일부, 또는 후손들이 신라에 와서 정착했을 가능성도 있다. 또 당나라 말 황소의 난이 일어나 879년 광주廣州가 함락되는데 이때 광주에 살고 있던 무슬림들이 대규모 학살을 당했다. 다행히 목숨을 건진 무슬림들은 동남아시아 지역으로 대피했는데 이들 중 일부가 울산항을 통해 신라로 왔을 가능성도 높다. 처용은 이들 가운데 한 사람이 아니었을까?

**10** 티베트와 당나라의 대립을
이용했던 나당전쟁

한 국가의 융성기는 쉽게 찾아오지 않는다. 그 앞에는
반드시 역사적 격변기가 있기 마련이다. 이 격변기에 지도부는 국운
을 건 결단을 해야만 한다. 이 결단을 통해 궁극적인 승리를 얻어야만
그 국가는 본격적으로 발전할 수 있다.

신라 지도부가 국운을 걸고 내린 결단은 나당전쟁이었다. 나당전쟁
은 작은 나라가 세계적인 대국을 상대로 방어전이 아닌 공격전을 펼
쳐서 이긴 드문 전쟁이었다. 그런 만큼 신라 지도부의 고뇌와 결단, 능
력 등이 총체적으로 드러났다. 그중에서도 국제 정세에 민감하고 정
보에 밝았던 신라 지도부의 능력이 돋보였다.

백제, 고구려와의 전쟁은 전적으로 신라가 선택한 전쟁은 아니었다.
신라가 강력히 원하긴 했지만 동아시아 전체로 볼 때는 전성기를 향
해 달리던 당나라가 주변 이민족을 제압하기 위해 나선 수많은 전쟁

의 일부분이었을 뿐이다. 하지만 나당전쟁은 달랐다. 신라가 선택해서 시작되었고 신라의 승리로 끝났다. 나당전쟁이야말로 신라의 운명을 넘어서 한반도의 향후 역사를 결정한 획기적인 전쟁이라고 할 수 있다.

당 태종은 김춘추에게 고구려와 백제를 정복한 뒤 평양 이남의 땅을 신라에게 주겠다고 약속했지만 그 약속은 지켜지지 않았다. 660년 백제를 멸망시킨 후 당나라가 신라를 쳐들어올 준비를 하고 있다는 정보가 입수됐다. 신라 지도부는 죽음을 무릅쓰고 당과 전쟁을 벌이겠다는 각오를 다졌다.

신라 최고의 명장 김유신은 "개가 주인을 두려워한다고 하나 주인이 자기 다리를 밟으면 무는 법입니다. 나라가 어려움을 만났는데 어찌 스스로 구할 방도를 찾지 않겠습니까?"라며 항전 의지를 굳건히 했다.

전쟁을 수행하는 과정에서 일부 친당파 진골 귀족들의 반대가 있었지만 신라의 지도부는 문무왕을 중심으로 일치단결해 있었다. 이 같은 신라의 분위기는 백제 정벌군 사령관 소정방蘇定方이 당 고종에게 전쟁 결과를 보고하는 자리에서 당 고종이 "무엇 때문에 뒤이어 신라를 치지 않았느냐?"고 묻자 "신라는 그 임금이 어진 마음으로 백성을 사랑하옵고, 신하들은 충성으로 나라를 섬기며, 아랫사람이 윗사람 모시기를 자기 부형父兄에게 하는 것처럼 하니, 비록 작은 나라라 하여도 일을 도모할 수가 없었나이다"라고 대답한 것에서도 알 수 있다.

그러나 당 고종의 야욕은 여기서 멈추지 않았다. 고종은 663년 4월 신라 영토에 계림대도독부鷄林大都督府를 설치하고 문무왕을 계림주대도독鷄林州大都督으로 삼았다. 아마도 당시 문무왕의 심정은 참담했을 것

**당 고종의 초상 ◐** 이름은 이치李治. 당 태종의 아홉 번째 아들로서 태종의 정책을 고스란히 계승했다.

이다. 갖은 노력 끝에 백제를 멸망시켰는데 신라마저 당의 한 주로 전락한 셈이었기 때문이다.

고종은 이어 664년에는 중국에 잡혀와 있던 백제 의자왕의 아들 부여융扶餘隆을 웅진 도독熊津都督 대방군왕帶方郡王에 임명했고 이듬해인 665년에는 신라에게 백제와 동등한 자격으로 평화를 약속하라고 강요했다. 승전국인 신라와 이미 멸망한 백제를 동급으로 대한 것이다. 백제 유민들을 이용해 신라를 견제하려는 전형적인 이이제이以夷制夷 정책이었다.

신라 지도부는 굴욕을 견디며 복수의 칼날을 갈았다. 그러다 668년에 고구려가 멸망한 뒤에도 여전히 당나라 군대가 한반도에서 철수하지 않자 신라는 본격적으로 대응하기 시작한다. 당에 저항하는 고구려 유민들을 동원해 당의 배후를 기습 공격한 것이다. 그리고 서서히 백제 지역을 차지해 들어갔다.

신라가 당을 공격할 때 무작정 한 것은 아니었다. 신라 지도부는 국제 정세를 정확히 읽고 나당전쟁을 시작했다.

669년 9월 중국의 서쪽 변방에서 일어난 토번 제국이 실크로드의 중심지인 타림 분지를 공격했다. 이는 당의 서부와 중앙아시아 지역 지배권에 대한 도전이었고, 또한 자칫하면 당나라가 무너질 수도 있는 중요한 사건이었다. 때문에 당은 동쪽 한반도에는 신경 쓸 겨를이 없었다. 신라 지도부는 그 같은 사실을 잘 알고 있었다.

670년 3월 신라는 고구려 유민 병력 1만을 포함한 2만의 병력으로 압록강을 건너 만주를 공격했다. 당의 관심과 주력군이 서쪽으로 몰리는 것을 이용한 것이다. 실제로 당은 한반도 지역을 관할하던 안동도호부安東都護府 도호都護 설인귀를 대토번 전투에 투입했다.

신라가 쳐들어오자 당 고종은 신라를 치기 위해 외교사절로 와 있던 김춘추의 둘째 아들 김인문金仁問을 옥에 가두고 50만 군사를 훈련시켰다. 마침 당나라에 있던 의상대사가 감옥에 갇힌 김인문을 면회하러 갔다가 "당나라 군사 50만이 곧 신라를 치려 한다"는 김인문의 말을 듣고 곧바로 귀국해 문무왕에게 알렸다. 이는 당에 있던 신라의 정보망이 신속하게 가동된 결과라고 할 수 있다.

이후에도 신라는 당과 토번과의 관계 등 당시 국제 관세를 직절하

**토번의 사신을 접견하는 당 태종 ●** 6세기 후반 중앙 티베트 남부에 거점을 두고 대두하기 시작한 토번은 군사 국가 조직과 기마 부대의 기동력을 활용하여 당나라로부터 서역의 지배권을 빼앗았다.

게 이용하며 전쟁을 치러 마침내 당나라를 몰아내고 삼한 통일을 이루었다.

당나라와 전쟁을 치를 때 신라는 강경 일변도로 나가지 않았다. 당의 사정을 이용해 강온 양면전술을 교묘하게 사용했다. 자신의 실력도 모르고 무모한 강경책만을 쓰다가 스스로 무너지는 경우를 우리는 역사에서 얼마나 많이 보았는가?

나당전쟁의 과정을 이야기하기 전에 역사에서 교훈을 얻는다는 차원에서 조선시대 병자호란 당시 조선 지도부가 어떤 판단을 내렸는지 살펴보자. 다음은 《인조실록》 권33에 실려 있는 척화론자 윤집尹集의 주장이다.

천조天朝(명나라)는 우리나라에 있어서 부모의 나라이고, 노奴(오랑캐, 청나라)는 우리나라에 있어서 곧 부모의 원수입니다. 신하 된 자로서 부모의 원수와 형제의 의를 맺고 부모의 은혜를 저버릴 수 있겠습니까? 더구나 임진년(임진왜란)의 일은 조그마한 것까지도 모두 황제의 힘이니 우리나라가 살아서 숨 쉬는 한 은혜를 잊기 어렵습니다. 지난번 오랑캐의 힘이 크게 늘어나 경사京師를 핍박하고 황릉皇陵을 더럽혔는데, 비록 자세히 알 수는 없으나 전하께서는 이때 무슨 생각을 하셨습니까? 차라리 나라가 망할지언정 의리상 구차하게 목숨을 보전할 수 없다고 생각하셨을 것입니다. 그러나 병력이 약하여 모두 출병시켜 정벌에 나가지 못하였지만, 또한 어찌 차마 이런 시기에 다시 화의를 주장할 수 있겠습니까?

-《인조실록》14년 11월 8일자

결국 전후좌우를 살피지 못하고 의리만을 내세운 무모한 강경책은 조선 왕이 오랑캐 앞에 무릎을 꿇게 만들었다.

그러나 신라는 달랐다. 고구려가 무너진 후 신라가 서서히 백제 지역을 차지해나가자 당 고종은 크게 분노하여 군사를 보내려 했다. 이에 문무왕은 669년 5월에 각간角干 김흠순金欽純과 파진찬波珍飡 김양도金良圖를 당나라에 보내 재빨리 사죄했다. 이듬해인 670년에 당 고종은 흠순은 돌려보내고 양도는 감옥에 가두었는데, 그는 감옥에서 죽었다.

신라는 굴욕을 참고 조용히 힘을 다지다 670년부터 본격적인 공격을 시작했다. 671년 10월 당천幢干이 이끄는 신라 수군이 당나라 보급선 70여 척을 서해에서 격파했고, 672년 8월에는 신라군이 대동강 하류인 마읍성馬邑城에서 당군을 무찔렀다. 하지만 추격 도중 석문石門(지금의 황해도 서흥)에서 크게 패해 신라의 주력군은 전멸하다시피 했고 주요 장군들이 전사했다.

문무왕은 다시 사신을 보내 "머리를 조아리고 죽을죄를 청합니다"로 끝나는 글까지 올리는 등 극도로 자세를 낮추어 사죄했다. 그러나 내부적으로는 673년 9월에 이르기까지 주요 지점에 있는 13개의 성을 수리하거나 증축했다. 다시 한 번 전열을 가다듬었던 것이다.

673년 12월에 토번이 톈산산맥 일대에 흩어져 살고 있는 서돌궐의 여러 부족과 힘을 합쳐 천산북로天山北路를 막으려 하자 이 정보를 입수한 신라가 일어섰고 674년에는 실질적으로 백제의 옛 땅을 모두 차지하게 됐다.

이에 분노한 당나라 고종은 조서를 내려 문무왕의 관작을 박탈하고 당에 있던 문무왕의 동생 김인문을 왕위에 올렸다. 그리고 675년 1월

유인궤劉仁軌를 계림도총관鷄林道大摠管(신라 공격군 총사령관)에 임명하여 신라를 공격했다. 김인문은 처음에는 극구 사양했지만 당의 강권에 못 이겨 신라로 돌아올 수밖에 없었다. 문무왕은 또다시 사절을 보내 사죄했다. 당 고종은 어쩔 수 없이 죄를 용서하고 문무왕의 관작을 회복시켰다. 김인문도 장안으로 돌아갔다.

그러나 문무왕은 당군에 대한 공격을 멈추지 않았다. 675년 9월 29일 신라군은 매소성買肖城(지금의 경기도 양주군 주내면) 전투에서 이근행李謹行이 이끄는 20만 대군(말갈 병력)과 싸워 대승을 거두고 당군을 북쪽으로 몰아냈다. 676년에는 당의 주력군인 설인귀 부대와 기벌포에서 맞서 싸워 처음에는 졌지만 이후 크고 작은 스물두 차례 전투에서 당나라 해군 약 4,000명을 죽이고 승리하였다. 이로써 신라는 670년부터 676년까지 7년 동안 벌어진 세계 최강 당군과의 전쟁을 승리로 마무리했다.

**나당전쟁을 지휘했던 설인귀의 초상 ○** 농민 출신으로 기마와 궁술에 뛰어났다. 후일 여러 구전설화와 고대소설의 주인공으로 중국인들 사이에 이름이 오르내렸다.

이 같은 신라의 압박에 당은 676년 2월 안동도호부를 평양에서 만주의 요동성遼東城으로 옮기고, 사비성(지금의 부여군)에 있던 웅진도독부를 만주의 건안고성建安故城으로 옮기지 않을 수 없었다. 마침내 당나라가 한반도에서 군대를 철수한 것이다.

그러나 신라는 긴장을 늦출 수 없었다. 당이 쉽게 한반도를 포기할 것 같지 않았던 것이다. 실제로 678년 9월에 당 고종은 신라를 토벌하려 했다. 비록 신하들이 만류하는 바람에 뜻을 접었지만 그는 계속 신라에 대한 야욕을 버리지 않았다.

당과의 냉전은 계속되었다. 신문왕 12년(692년) 당나라 고종이 사신을 보내 태종무열왕 김춘추의 묘호가 당 태종과 같은 것을 문제 삼고 고치도록 요구했다. 당시 중국인들이 가장 존경해 마지않았던, 중국 역사상 최고의 태평성대를 이뤘다는 태종과 이름이 같았으니 그들 입장에서는 문제를 삼을 만한 사안이었다. 이를 빌미로 다시 당나라가 전쟁을 일으킬 수도 있는 중차대한 일이었다. 아마 김춘추의 묘호를 태종으로 정한 것은 위대한 업적을 쌓았다는 점에서, 그리고 김춘추의 공이 당 태종의 그것과 비슷하다고 생각해서였는지도 모르겠다.

어쨌든 신라 조정으로서는 당혹스러운 일이었다. 그러나 대종무열왕은 손자를 잘 둔 사람이었다. 신무왕은 중국에 이렇게 답변했다.

전왕前王 김춘추는 자못 어진 덕이 있었고 더욱이 생전에 훌륭한 신하 김유신을 얻어 한마음으로 정치를 하여 삼한일통을 하였으니 그 공업이 크다고 아니할 수 없습니다. 세상을 떠날 때 온 나라에서 신민이 슬퍼하고 사모하여 추존한 호가 성조의 묘호를 범한 것을 알지 못하였습니다.

그런데 당 태종은 김춘추가 세상을 떠나기 12년 전인 649년에 사망했다. 당과 밀접한 관계에 있던 신라가 당 태종의 묘호를 몰랐다는 것은 말이 되지 않는다. 그래도 몰랐다고 오리발을 내민 것이다. 이 문제는 그 후 흐지부지되었다. 결국 신라의 버티기가 승리한 것이다.

신문왕은 중국에 조공을 바치지 않았다. 대신 대규모 군비 증강에 들어갔다. 신문왕은 683년부터 5년 사이에 5개 서당誓幢(군부대)를 만들어 9서당을 완비했다. 진평왕 때의 녹금서당綠衿誓幢과 자금서당紫衿誓幢, 문무왕 때의 백금서당白衿誓幢(백제 유민 부대)과 비금서당緋衿誓幢에 덧붙여 황금서당黃衿誓幢(고구려인 부대)과 흑금서당黑衿誓幢(말갈인 부대), 벽금서당碧衿誓幢(보덕성민報德城民 부대), 적금서당赤衿誓幢(보덕성민 부대), 청금서당靑衿誓幢(백제 잔민 부대)을 만든 것이다. 이처럼 신문왕은 통치권 내에 들어온 모든 국민을 끌어안아 총력적인 군대를 편성했다.

신라가 다시 당나라에 사신을 보내 관계를 개선한 것은 효소왕 8년(699년)의 일이다. 702년 7월에 효소왕이 숨을 거두자 당은 조문단을 보냈고 당 조정은 이틀 동안 근무를 하지 않으며 애도를 표했다. 신라와 또다시 불필요한 신경전을 벌이고 싶지 않았던 것이다.

당나라가 이 같은 태도를 보인 것은 발해 때문이었다. 발해가 강성해지자 신라와 우호적인 관계를 유지할 필요성을 느낀 것이다. 신라는 제33대 성덕왕 32년(733년)에 당의 요청을 받아들여 발해의 남쪽 국경을 공격했다. 이에 당나라 현종은 성덕왕 34년(735년)에 당에 온 신라 사신 김의중에게 조서를 내려 패강浿江 이남의 땅에 대한 신라의 영유권을 공식적으로 인정했다. 지루했던 전쟁이 그제야 모두 막을 내린 것이다. 신라인들의 강단 있는 결단의 승리였다.

# 11 라후족, 백제향, 그리고 고선지와 이정기

이야기를 잠시 되돌려 패망한 나라 고구려와 백제의 유민들을 생각해보자. 나라가 멸망한 뒤 그들의 운명은 어떻게 되었을까? 당나라는 고구려와 백제의 왕족, 귀족들을 대거 중국으로 끌고 갔다. 물론 나머지 백성들은 그 땅에 그대로 남아 신라인이 되거나 일본으로 건너갔다. 그리고 대동강 이북의 고구려인들도 대부분 그 땅에 남아 발해의 국민이 되었고 이후에는 만주에서 일어난 여러 국가의 국민들로, 지금은 중국인으로 살아가고 있다. 여기서는 중국 본토로 끌려간 고구려, 백제 사람들의 흔적을 이야기해보자.

《삼국사기》에는 고구려가 멸망한 뒤인 669년 4월에 당나라 고종이 고구려인들의 저항을 원천적으로 막기 위해 3만 8,300호의 주민을 강회江淮의 남쪽과 서쪽 여러 주의 비어 있는 넓은 땅으로 옮겼다는 기록이 있다.

백제의 경우 660년에 멸망할 때 의자왕과 태자 효孝, 왕자 태泰, 융隆, 연演, 대신大臣과 장사將士 88명, 백성 1만 2,807명이 당나라로 끌려갔다.

이들, 즉 고구려와 백제의 유민들은 점차 중국에 동화되어 현재는 중국인으로 살아가고 있다.

그런데 흥미를 끄는 것은 중국 운남성云南城 서남부, 미얀마 서북부와 태국 북부, 라오스 서북부에 살고 있는 소수민족 라후족(拉祜族)이다.

라후족은 남자가 처가살이를 하고, 닭을 옆에 두고 결혼식을 올리고, 형이 죽으면 동생이 형수를 아내로 맞는 등 고구려와 유사한 풍습을 그대로 간직하고 있다.

이들이 입는 옷이나 몸에 하는 장신구 등도 고구려 고분벽화에 나오는 사람들의 그것과 비슷하다. 이들도 명절 때면 우리처럼 색동옷을 입는다. 식생활에서도 음식물을 젓가락과 숟가락으로 먹고, 채소를 소금으로 절인 후 물로 씻어내고, 밥을 으깨 넣어 발효시켜 먹는다.

이현복 서울대 명예교수는 "라후어는 문장을 이루는 낱말의 배열 순서가 주어+보어+술어로 한국어와 일치한다"고 말하며 다음과 같이 주장한다.

라후어 '너레 까울리로 까이베요'는 '너는 한국으로 간다'는 뜻이다. 여기서 '너레'의 '너'는 우리말 '너'와 형태가 아주 비슷하다. 또한 '레'는 북한 사투리 '내레'의 레처럼 주격 조사로 볼 수 있다. '~로' 역시 '서울로', '광주로'와 같은 움직임의 방향을 나타내는 우리의 격조사와 형태나 기능이 같다. '까이'도 우리말 '가다'와 뜻과 발음이 유사하다. '까울리'는 중국이나 태국 등지에서 '고구려'나 '고려'를 뜻하는 말로 우리나라를 가리킨다.

**고구려인들의 후손으로 추정되는 라후족** ◐ 고구려와 유사한 생활 풍습. 그리고 한국어와 비슷한 언어를 구사한다.

　라후족의 기원은 고대 중국의 감숙甘肅과 청해青海 지역에 살았던 민족들 가운데서 찾을 수 있다고 한다. 청해성은 고구려 유민들로 구성된 병사들이 주둔했던 곳이다. 따라서 라후족은 고구려가 멸망한 후 당에 잡혀갔다가 오지에 버려졌던 고구려의 후손들일 가능성이 높다.

　한편 백제가 멸망한 후 하북河北 지방의 서주徐州와 연주然州로 끌려갔던 1만 2,000여 명의 백제인들은 다시 복건성福建省으로 보내진 것으로 추정된다. 당시 복건성에서는 은광 개발 붐이 일어나 북방의 한족들이 대대적으로 몰려들어 인구가 폭발적으로 늘어났다. 그 때문에 백제인들을 강제 이주시킨 것으로 보인다.

지난 1996년 9월 15일 KBS 1TV 〈일요스페셜〉에서는 백제의 역사를 재조명하는 다큐멘터리 〈속續 무령왕릉, 잊혀진 땅─백제 22담로의 비밀〉을 방영했다. 프로그램을 만든 제작진은 베트남과 가까운 곳에 있는 중국 광서장족廣西壯族 자치구에서 '백제향百濟鄕'이라는 이름을 찾아냈다.

백제향의 중심 마을 이름은 백제허百濟墟이다. 허墟는 성터 또는 옛터를 뜻하니 이 지역은 백제의 옛 도시라는 이야기가 된다. 이곳 사람들은 백제 지역에서만 발견되는 독특한 맷돌과 외다리방아를 사용하고 명절 때는 강강술래 놀이를 했다고 한다. 그들은 자신들의 조상이 언제인지는 모르지만 아주 오래 전에 산둥山東 지방에서 왔다고 말한다.

우리 역사에서 잊혀져 있던 고구려, 백제의 후손들이 1,300년을 훌쩍 뛰어넘어 우리 앞에 나타난 것이다. 우리의 뿌리를 찾는다는 차원에서도 역사의 피해자들인 이들에 대한 연구가 필요하다는 생각이 든다.

고구려 유민의 후손으로 당나라에서 크게 이름을 떨쳤던 두 사람이 있다. 바로 고선지高仙芝와 이정기李正己이다. 그들을 소개하고자 한다.

고선지는 중국의 변방인 감숙성甘肅省 무위武威로 끌려온 고구려 유민의 지도자 고사계高斯界의 아들이다. 고사계는 고구려 유민들로 구성된 단결병團結兵(상비군의 보조로 조직한 민병. 단련병團練兵이라고도 한다)의 책임자로 지금의 신장新疆 지방인 투르판, 쿠차 등지에서 근무했다.

아버지를 따라 활동했던 고선지는 여러 전투에서 공을 세워 20여세의 나이에 안서도호부의 유격장군이 되었다. 그는 747년 1만 명의 기병을 이끌고 세계의 지붕이라 불리는 파미르고원을 넘어 지금의 아

**고선지가 1만의 기병을 이끌고 넘었던 파미르고원 ●** 고선지의 원정은 알프스산맥을 넘었던 나폴레옹의 전투와 비교된다.

프가니스탄 북부와 파기스탄 북부에 있는 소발률국小渤律國(길기트국)을 기습 공격해 정복했다. 이곳은 당나라와 티베트 왕국 모두에게 결코 포기할 수 없는 전략상의 요충지였다. 특히 당나라에게는 서방 세계로 통하는 문이었다.

중국의 대표적인 정사인《신당서新唐書》에 따르면 고선지 군대가 소발률국을 정복하자 이슬람 72개국이 당나라에 항복해왔다고 한다. 당시 고선지 군대가 4,000~5,000미터의 파미르고원을 넘은 것을 두고 실제로 이 지역을 탐사했던 영국의 고고학자 오럴 스타인Marc Aurel Stein은 "한니발이나 나폴레옹이 알프스산맥을 넘은 것을 능가하는 일이다"라고 평했다.

고선지는 소발률국을 정복한 후 서역을 총괄하는 안서절도사에 올라 크게 이름을 떨쳤다. 장안에서는 그의 용맹을 찬양하는 소발률국 정복가가 유행했을 정도였다. 고선지가 안서절도사로 있던 시절(747년~751년) 당나라는 중앙아시아를 포함하는, 중국 역사상 최대의 영토를 차지하게 되었다. 동서양을 연결하는 실크로드도 최대의 전성기를 맞이하였다. 여기에는 고구려 유민들로 구성된 단결병이 큰 역할을 했을 것으로 보인다.

750년 2차 원정에 나선 고선지가 사라센 제국과 동맹을 맺으려는 타슈켄트를 성공적으로 정벌하고 돌아오자 당대의 시성 두보杜甫는 고선지 장군을 찬양하면서 그가 사랑하는 말도 함께 청송하였다.

> 안서대도호 고선지 장군의 푸른 애마 安西都護胡青驄
> 높은 명성과 가치를 싣고 느닷없이 동쪽으로 왔네. 聲價欻然來向東
> 전쟁터에서는 오랫동안 대적할 이가 없었으니 此馬臨陣久無敵
> 주인과 더불어 한마음으로 큰 공을 세웠네. 與人一心成大功

고선지는 당과 함께 세계를 양분했던 사라센 제국이 동진을 계속해 오자 다시 7만 대군을 이끌고 톈산산맥을 넘어 사라센 연합군 30만과 일전을 겨룬다. 751년 7월, 두 제국의 운명이 걸린 대전투가 타슈켄트 북쪽 탈라스평원에서 벌어졌다. 전투는 당과 연합했던 카르룩(葛邏祿)군이 갑자기 배신해 고선지군의 배후를 기습 공격함으로써 당의 참패로 끝났다.

이로써 실크로드는 당에서 사라센으로 넘어가고 이슬람 문화가 오늘날의 중앙아시아를 지배하게 됐다. 이 전투는 역사상 가장 중요한 전투 중 하나로 기록되어 있다. 이슬람 세력이 동쪽으로 나아갔다는 의미뿐만 아니라 제지술 등 동아시아의 문물이 이슬람과 유럽 지역에 전파되는 계기가 되었기 때문이다.

탈라스 전투에서 패한 고선지는 안서도호부 절도사 자리를 내놓고 장안으로 돌아왔다. 그는 755년 안사의 난이 일어나자 토벌군 부원수가 되어 진압에 나섰다. 그러나 오히려 반란을 꾀하고 부정을 저질렀다는 모함을 받아 사형을 당하고 만다. 이때가 755년 12월이었다.

고선지는 고구려 유민이라는 불리한 조건을 딛고 일어서서 서역을 개척한 영웅이 됐지만 이민족이라는 한계를 끝내 극복하지 못한 채 한 많은 일생을 마쳤다.

고선지는 안사의 난으로 세상을 떠나지만 그로 인해 또 다른 고구려 유민 출신의 영웅이 역사의 전면에 등장한다. 안사의 난이 일어났을 때 평로에서 태어나 평로군平盧軍의 비장裨將이 된 이희옥李懷玉은 뛰어난 활약을 펼쳐 절충장군折衝將軍이 되었다. 이후 758년에 평로절도사 왕현지王玄志가 세상을 떠나자 그의 아들을 죽이고 자신의 고종사촌형인 후희일後希逸을 절도사로 만들었다.

후희일은 이희옥을 부장副將으로 삼고 산둥반도의 등주登州로 건너가 안사의 난을 평정하는 데 큰 공을 세웠다. 당나라 조정은 후희일을 평로치청절도사平盧淄靑節度使에 임명하였고 후희일은 이희옥을 병마사兵馬使에 임명하였다. 하지만 군대 내부에서 이희옥를 따르는 사람이 많아지자 그를 해임하였다. 화가 난 이희옥은 자신을 따르던 군사들과 함께 후희일을 쫓아내고 765년에 스스로 절도사 자리에 올랐다.

그 후 이희옥은 당나라 조정과 우호적인 관계를 유지하기 위해 노력하였다. 그러자 당나라 조정은 그를 평로치청절도관찰사平盧淄靑節度觀察使와 해운압발해신라양번사海運押渤海新羅兩蕃使, 검교공부상서檢校工部尙書, 어사대부御史大夫, 청주자사靑州刺史 등을 겸직하게 하고 이정기라는 새 이름을 하사했다.

안사의 난 이후 당 조정이 지방에 대한 통치력을 상실하면서 지역 군사령관인 절도사들의 힘이 커졌는데 이정기는 중앙정부에 세금을 내지 않고 독자적으로 세력을 키워나갔다. 이 같은 현상은 다른 지역도 마찬가지여서 이 시기를 '번진藩鎭(지방의 권력자) 발호의 시대'라 부른다.

이정기는 다른 지역 절도사와 정략결혼 등으로 연계하면서 산둥반도와 그 주변 13개 주를 장악했다. 781년에 이정기가 세상을 떠난 뒤에도 그의 왕국은 3대까지 55년 동안 유지됐다.

이정기의 손자 이사도李師道 시절 산둥성 서남단 서주西周의 왕지흥은 이사도의 반대 세력을 모아 이사도를 몰아냈다. 이때가 819년 2월이었다.

그런데 당시 이사도를 공격한 왕지흥 군대의 선봉 부대인 무령군武寧軍의 하급 병사로 있다가 이 전투에서 공을 세워 장교가 된 이가 있었다. 바로 장보고였다. 안사의 난 이후 코리아가 배출해 낸 세 명의 걸출한 인물이 역사의 꼬리를 물고 잇달아 등장하고 있는 것이다.

이정기 일가가 토벌된 뒤에도 많은 고구려 후손들이 산둥반도에 그대로 머물러 살고 있었을 가능성이 높다. 산둥은 과거 동이족의 영역

**무용총에서 발견된 수렵도 ◐** 대륙을 호령한 고구려인의 용감한 기상이 잘 드러나 있다.

안에 있었고, 또 신라인들의 활동이 가장 활발했던 지역으로 우리 민족과 깊은 인연이 있는 곳이다. 현재 한국에 와 있는 화교 가운데 산둥 출신이 가장 많고 한국의 기업들이 중국에서 가장 많이 진출해 있는 곳도 바로 산둥이다.

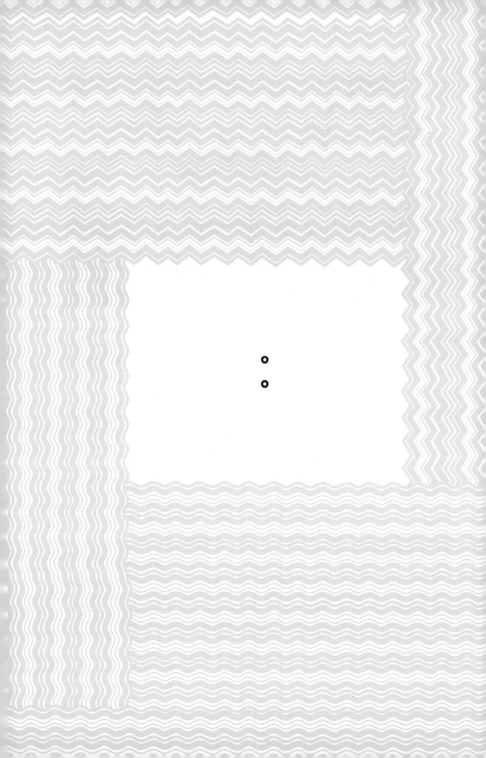

# 제 2 부

# 한국사상 가장 역동적이었던
# 11세기 고려

# 1

## 바다를 거점으로
## 전 세계에 코리아를 알리다

10세기에 들어서면서 동아시아는 혼란의 소용돌이 속으로 빠져들었다. 907년, 동아시아의 중심 국가인 당나라가 무너지자 대분열 시대로 접어든 것이다. 당시 중국 대륙에서는 5대 10국, 즉 다섯 왕조와 10개의 나라가 우후죽순처럼 일어났는데 모두 평균 수명이 50~60년 정도였다. 중국이 힘을 잃자 916년 거란의 야율아보기耶律阿保機가 만리장성 이북 남몽골(내몽골) 시라무렌강 유역에 살던 여러 부족들을 통합한 다음 황제를 칭하고 중국 대륙을 공격했다.

유목 민족이 만리장성 이남을 점령해 영토화한 것은 획기적인 일로 한족漢族이 동아시아를 독점하던 구조가 깨졌다는 것을 의미한다. 거란이 세운 요遼나라는 중국 최초의 이민족 정복왕조로 이후 중국 대륙에 금金, 원元, 청 등의 이민족 정복왕조가 잇달아 출현하게 된다.

그렇다면 당시 한반도의 상황은 어떠했을까? 10세기 초 통일신라가 지방에 대한 통제력을 상실하자 900년에 견훤甄萱이 완산주(지금의 전주)에서 후백제를 세우고, 901년에는 궁예弓裔가 송악(지금의 개성)에서 후고구려를 건국한다. 통일신라와 더불어 남북국시대를 열었던 발해는 926년에 거란에 의해 멸망한다. 이렇듯 10세기 초에 이르러 중국 대륙과 만주, 그리고 한반도는 크고 작은 국가들이 흥망을 거듭하는 대분열 시대를 맞이하게 된다.

**요나라의 태조 야율아보기 복원도 ●** 외몽골에서 동투르키스탄에 이르는 지역을 지배하에 넣었으며, 926년에는 발해를 멸망시켰다.

한반도에서는 918년에 궁예 밑에 있던 왕건王建이 잔혹한 행위로 민심을 잃은 궁예를 몰아내고 고려를 건국한다. 이어 왕건은 935년에 신라의 마지막 임금인 경순왕으로부터 항복을 받아내고, 다음해에는 견훤마저 굴복시켜 마침내 후삼국을 통일한다. 한반도에서 새로운 통일 왕조가 등장한 것이다.

중국에서는 960년 후주後周의 조광윤趙匡胤이 송宋나라를 세워 5대 10국이 난립했던 혼란스러운 상황을 극복하고 979년에 중원을 통일한다. 그러나 송나라는 통일과 함께 거란이라는 거대한 적과 마주치게 된다. 이로써 동북아시아는 송과 거란, 그리고 고려가 힘을 겨루는 삼각 구도를 형성하게 된다.

**고려 광종 대에 제작된 태조 왕건의 나체상 ◑** 왕의 나체를 조각한 것은 한국사상 유일하며 동아시아에서도 이례적인 사례다.

한반도를 통일한 고려는 국내적으로는 통합을 다지고 대외적으로는 거란이라는 유목 민족 국가와의 싸움에서 승리해야 한다는 국가적 과제를 가지고 있었다.

특히 고구려를 계승했다는 강한 자부심과 긍지를 지닌 고려는 건국 초부터 적극적으로 북진정책을 추진했기 때문에 거란과의 대립이 불가피했다. 그러나 고려는 송과 거란 사이에서 적절하게 실리적인 외교정책을 폄으로써 국익을 챙길 수 있었다.

고려는 제6대 왕인 성종 12년 (993년) 거란의 1차 침입 때 송나라와의 관계를 끊고 거란에 맞서지 않는다는 조건하에 압록강 동쪽의 땅 강동 6주를 얻어냈다. 그 후 거란은 두 차례나 대규모로 침입해왔지만 고려는 점차 커진 국력과 강력한 군사력을 바탕으로 거란을 물리쳤다.

현종 10년(1019년)에 27년간에 걸친 거란과의 전쟁을 승리로 마무리하자 고려의 국제적 위상은 이전과는 비교할 수 없을 정도로 높아졌다. 이른바 전성기가 찾아온 것이다.

**탁헐도 ◑** 거란인들의 모습을 담은 호배胡瓌의 〈탁헐도卓歇圖〉.

　고려의 역사에서 현종 10년(1019년) 이후 덕종(재위 1031~1034년), 정종(재위 1034~1046년), 문종(재위 1046~1083년), 그리고 여진 정벌을 단행한 숙종(재위 1095~1105년)과 예종(재위 1105~1122년) 때까지 100여 년 간은 최고의 융성기였다.

　여진족들이 대거 투항해옴으로써 고려의 영토는 전에 없이 넓어졌고 고려는 강해진 국력을 바탕으로 문을 더욱 활짝 열었다.

　고려를 세운 왕건의 집안은 송악(개경開京)에 거점을 두고 바다를 오가며 상업 활동을 했던 상인 집단이었다. 뒤에서 좀 더 자세히 이야기하겠지만 고려인들은 이러한 전통을 이어받아 중국은 물론 아라비아를 비롯한 세계 각국과 활발한 교역을 했다. 코리아란 이름이 세계에 알려진 것도 바로 이때다. 또 고려는 남녀평등 사상 등 다양한 문화를 지니고 있었다는 점에서 한반도의 다른 국가들과는 차별화된다.

고려인들은 자신의 나라가 문화의 중심지라는 자부심을 가지고 있었다. 특히 11세기 고려는 자타가 공인하는 동북아시아의 선진국으로서 최전성기를 달렸다.

고려는 다른 어떤 국가보다 개방적인 나라였다. 자존심 강한 나라였다. 그리고 자력으로 한반도를 통일한 최초의 국가로서 그 역할을 충분히 해냈다.

**2**

## 후주에서 여진까지
## 고려로 귀화한 이민족들

　　지난 2009년 한국관광공사 사장으로 이참씨가 임명되었다. 그는 독일에서 한국으로 귀화한 사람이다. 한국관광공사 사장은 국영기업체 최고위직으로 보통 차관급으로 분류된다. 이처럼 고위직에 귀화인이 임명되기는 건국 이래 처음 있는 일이었다.

　그러나 고려 때 이런 일은 자주 일어났다. 인재라고 여겨지면 국적을 가리지 않고 등용한다는 정책 하에 능력 있는 외국인들을 관료로 임명했던 것이다. 이는 그 이전이나 이후 왕조에서는 찾아볼 수 없는 고려만의 특징으로 고려 사회가 그만큼 국제적이고 개방적이었다는 사실을 말해준다.

　고려의 최고 전성기를 이끌었던 문종은 6년(1052년) 6월 송나라 진사進士 출신 장정張廷이 귀화하자 그 기쁨을 이렇게 표현했다.

타산의 돌이라도 나에게는 쓸모가 있는 법이다.

문종은 장정에게 비서교서랑秘書校書郞이라는 벼슬을 내리고 의복과
비단, 은 등의 물품을 하사했다.

문종 11년 7월에는 송나라 장완張琬이 귀화하자 그의 재주를 시험해
본 뒤 태사감후太史監候라는 벼슬을 내렸다.

문종 14년 9월에는 송의 진사 노인盧寅이 문필에 재능이 있어 비서
교서랑으로 임명했다. 이듬해 6월에도 글재주가 있는 송의 진사 진위
陳渭를 비서교서랑으로, 음률에 밝은 소정蕭鼎과 소천蕭遷을 합문승지閤門
承旨로, 섭성葉盛을 전전승지殿前承旨로 각각 임명했다. 제16대 예종(재위
1105~1122년) 대에는 송의 진사 임완林完이 과거에 급제했다.

고려 정부는 송에서 유학을 공부한 진사가 귀화하면 벼슬을 내렸고
일반인의 경우도 점술과 음악 등 특기가 있으면 국가에 도움이 되느
냐의 여부를 철저히 따져 특채했다. 《고려사高麗史》를 보면 문종은 "고
려에 귀화한 사람 가운데 재주와 기예를 갖지 않는 사람은 받아들이
지 않는다"고 분명히 밝히고 있다.

이 같은 고려의 귀화인 등용은 최전성기인 문종 때 가장 많이 이루
어졌다. 이는 전성기와 개방이 밀접한 관련이 있음을 말해주고 있다.

중국 지식인들의 귀화 물결을 처음 튼 사람은 광종 때 후주 출신 쌍
기雙冀였다. 본래 후주의 사신단으로 고려에 왔던 그는 병에 걸려 중국
에 돌아가지 못하고 머물다 고려에 귀화했다. 그는 후주에서 절도순
관節度巡官, 장사랑將仕郞, 시대리평사試大理評事 등을 지냈다. 시대리평사는
시험을 주관하는 관리로 쌍기는 과거제도에 관한 지식이 많은 인물이

었다.

당시 후주는 당나라 제도를 모범으로 삼아 과거제를 비롯한 일련의 개혁 정책을 실시하고 있었는데 개혁의 필요성을 절실히 느끼고 있었던 광종은 후주의 사례를 본받아야 한다는 생각을 하고 있었다.

광종은 쌍기를 만난 뒤 자신이 필요로 하는 개혁 이론을 제시할 인물로 보고 후주 세종에게 양해를 구해 그를 원보한림학사元甫翰林學士로 등용했다. 그가 등용된 해인 광종 7년(956년)에 왕은 첫 번째 개혁이라고 할 수 있는 노비안검법奴婢按檢法을 공포했다. 여기에 쌍기가 얼마나 개입했는지는 알 수 없지만 광종의 개혁 작업이 쌍기의 등용과 함께 시작됐다는 점에서 쌍기가 상당한 역할을 했을 것으로 추정된다.

쌍기는 광종 9년(958년)에 당의 과거제도와 같은 과거제를 신설할 것을 건의해 실행케 했다. 그리고 시험관에 해당하는 지공거知貢擧 직에 임명돼 한반도 역사상 처음으로 실시된 과거를 기획하고 감독했다. 이후 광종·경종·성종 대에 지공거는 주로 쌍기와 같은 귀화인인

**후주를 세운 곽위郭威의 초상 ⊙** 곽위는 후한의 추밀사였으나 대량에서 군사를 일으켜 후한을 멸하고 951년 제위에 올랐다. 제2대 세종은 5대 제일의 명군으로 일컬어지며 근위군의 개혁을 비롯하여 권력 집중책을 취하고 통일 사업을 추진하였다.

한림학사들이 임명됐다. 의도적으로 국내에 연고가 없는 귀화인들을 임명한 것이다.

과거제 실시로 인해 광종의 신임이 두터워지자 쌍기는 많은 중국인들을 불러들였다. 957년에 자신의 아버지 쌍철雙哲까지 고려로 불렀다. 광종은 쌍철을 좌승佐丞으로 임명하여 개혁 작업에 동참시켰다. 이들 부자가 고려의 실세로 떠오르면서 많은 중국인들이 고려로 귀화하였고 광종은 그들 대부분을 관리로 임용했다.

이 같은 귀화인 우대 정책에 대해 고려 귀족들의 반발도 만만치 않았다. 재상 서필徐弼은 광종이 중국계 귀화인들에게 신하들의 집까지 빼앗아 주자 '녹봉을 모아 조그마한 집을 마련했으니 넓은 저택을 왕에게 바치겠다'라는 상소까지 올리며 반발했다. 서필은 현종 때 거란과의 전쟁에서 강동 6주를 되찾아오는 데 결정적인 역할을 한 서희徐熙의 아버지다.

성종 때 재상 최승로崔承老는 "쌍기가 귀화한 이후부터 (중국) 문사를 존중해 대접이 너무 융숭하다. 재주 없는 자가 외람되이 진출하여 갑자기 승진해 1년도 안 되어 바로 경상卿相이 되었다. …… 중국의 선비를 예로써 대했으나 중국의 어진 인재를 얻지 못했다"라고 강하게 비판하고 있다.

이들이 쌍기 등 귀화인들을 비판한 것은 그들이 광종 휘하에서 과거제를 도입했을 뿐만 아니라 다른 많은 개혁 작업을 주도해 당시 기득권을 가지고 있던 귀족 계층과 갈등을 일으켰기 때문인 것으로 보인다. 그러나 이러한 전통을 겪으면서 고려는 융성기로 내달렸다.

고려 말 원나라 관리들이 고려로 시집 온 원나라 공주를 따라왔다가 관직을 받고 눌러앉은 적이 있었지만 정책적으로 귀화인들을 등용한 것은 우리 역사에서 전에도, 이후에도 없었던 일이다.

고려 융성기 때는 송나라 지식인 계층뿐만 아니라 송의 일반인이나 거란, 여진 등 고려 주변 민족들의 귀화가 잇따랐다. 포로로 잡힌 많은 거란인이 고려에 눌러앉았다. 전쟁이 끝난 뒤에도 거란 정국의 혼란으로 고려에 투항하는 거란인들도 많았다. 이 때문에 고려에 거주하는 거란인의 수는 수만에 이르렀다. 이들 중 기술이 뛰어난 사람들은 수도 개경에 머물며 여러 가지 기구와 복식服飾(옷과 장신구)을 만드는 일을 했다. 오늘날까지 남아 있는 말총으로 의관을 만드는 기술은 유목민 출신인 거란인들이 남긴 유산이다.

서긍徐兢의 《고려도경高麗圖經》 권 19에는 이런 기록이 나온다.

> 항복한 거란인 수만 명 가운데 10명 중 1명은 기술자인데 그중 정교한 기술자들을 왕부王府(수도)에 머물게 한다고 들었다.

포로 중에서 기술을 가진 자를 뽑아 그들의 기술을 활용하려 했던 고려왕조의 개방적인 태도가

**《고려도경》** ● 송나라 사신 서긍이 1123년 고려 개경에 다녀온 경과와 견문을 그림과 곁들여 써낸 책. 고려시대의 개경의 모습, 각종 풍습과 신앙, 생활 모습 등이 다양하게 기록되어 있다. 《선화봉사고려도경宣和奉使高麗圖經》으로도 불린다.

엿보이는 대목이다.

한편 송나라 사람들은 자발적으로 고려에 귀화하기도 했다. 다음은 《송사宋史》 권478에 나오는 기록이다.

고려의 왕성王城에는 중국인 수백 명이 있는데 장사 때문에 배를 타고 간 민閩(현재의 복건성) 지방 사람들이 많았다. (고려에서는) 비밀리에 일 생을 마치도록 하기도 했다.

또 같은 《송사》에 나오는 "정해현定海縣에서 보고하기를 고려로 도망 쳐 들어간 백성 약 80명을 귀국시키고자 한다"는 기록에서 알 수 있 듯이 송나라 사람들이 고려로 밀항해 들어오는 경우도 많았던 것으로 보인다.

여진족의 경우 추장이 무리를 이끌고 투항하는 경우가 많았다. 고려 는 이들을 군대에 편입시키거나 황무지를 개간하는 일을 시켰다. 이 들은 고려 사회에 동화돼 고려의 백성으로 살았다.

이 밖에 발해인들은 발해가 멸망한 직후 왕족부터 일반 평민에 이 르기까지 대규모로 망명해왔지만 고려는 이들을 같은 민족으로 여겼 기 때문에 여기서는 자세히 언급하지 않겠다.

신라시대에도 많은 외국인들이 들어와 신라를 만들었다. 고려에도 이처럼 많은 사람들이 귀화해 살았다. 고려는 자신들의 필요에 따라 귀화인을 받아들여 국가 발전에 이용하였다. 귀화인들의 이질적 문화 요소는 기존 고려의 문화를 더욱 다채롭게 발전시켰다.

그렇다면 과연 한민족은 단일민족일까? 민족이란 용어를 한 핏줄이라는 의미로 사용한다면 한반도에 살았던 민족은 분명히 단일민족은 아니었던 것 같다.

# 3

## 대식국 상인이 드나들었던 동아시아 무역의 거점 벽란도

○
○

고려의 국제 교류와 개방의 상징은 개경의 입구, 예성강 하류에 있는 벽란도였다. 고려는 국제무역항 벽란도를 통해 활발히 외국 문화를 받아들이는 한편 고려의 존재를 세계에 알렸다. 서긍은《고려도경》에서 당시의 번성한 모습을 이렇게 묘사하고 있다.

사신이 오면 사람들이 모여 큰 시장을 이루고 온갖 물건을 나열한다. …… 배들은 조수를 따라 예성항으로 들어간다. …… 해안가에는 고려인들이 무기, 갑마甲馬(갑옷을 입힌 말), 의장품들을 가지고 늘어서 있고 구경꾼들이 그 주위를 담장처럼 둘러서 있다.

이규보는 전성기보다 100여 년 뒤쯤인 13세기 초 벽란도의 모습을 이렇게 시로 읊었다.

물결은 밀려왔다 다시 밀려가고
오가는 뱃머리 서로 잇댔네.
아침에 배가 이 누각 밑을 떠나면
한낮이 못 되어 남만南蠻(베트남)에 이를 것이다.

사람들은 배를 물 위의 역마라고 하는데
바람처럼 달리는 준마도 이만 못하네.
만약 돛단배 바람 속을 달리듯 한다면
순식간에 봉래蓬萊(금강산) 선경에 이를 것이니
어찌 달팽이 뿔 위에서 아옹다옹 다투리오.
배를 타면 어디인들 가지 못하겠는가.

《동국이상국집東國李相國集》권 16에 실려 있는 이 시는 번성하고 소란스러운 벽란도의 모습과 함께 먼 바다를 그리는 고려인들의 마음을 잘 나타내고 있다. 당시는 무신의 난이 일어난 지 5년 뒤로 11세기 전성기 때는 이보다 더 번성했을 것이다.

벽란도를 가장 자주 찾은 외국인은 송나라 상인들이었다. 송나라 상인들과 관련해 〈예성

**고려 귀족들의 생활상 ⊙** 개경 귀족들의 생활상을 묘사한 고려시대의 회화. 작자 미상

강〉이라는 고려속요도 나왔다.《고려사》는 다음과 같이 〈예성강〉의
유래를 전한다.

송나라 상단을 이끌고 온 하두강賀頭綱이라는 상인이 예성강변에서 아
름다운 여인을 발견하고는 그녀를 빼앗기 위해 남편에게 접근해 내기
바둑을 두었다. 처음에 일부러 져주어 남편으로 하여금 자만심을 갖게
만든 뒤 아내를 내기에 걸도록 하여 결국 빼앗았다. 이에 남편은 후회의
노래를 불렀다.
하두강은 그녀를 데리고 중국으로 돌아가다 배 위에서 그녀를 범하려
했다. 하지만 그녀가 워낙 단단히 옷을 차려입어 욕심을 채울 수 없었다.
그때 배가 바다 한가운데서 맴돌기만 할 뿐 나아가지 않자 하두강은 점
을 쳤는데 '여인의 절개가 대단히 곧으니 돌려보내지 않으면 배가 부서
질 것'이라는 점괘를 얻었다. 하두강은 할 수 없이 여인을 돌려보냈다.
여인은 기쁨의 노래를 불렀으니, 남편의 노래와 더불어 이를 〈예성강〉
이라 했다.

벽란도에 나타난 것은 송나라 상인뿐만이 아니었다. 일본 상인들도
벽란도를 드나들었다. 고려 초에는 일본과의 교류가 많지 않았고, 일
본 상인들은 경상도 금주(지금의 김해)의 객관에서 일을 보고 돌아갔기
때문에 벽란도까지 오는 일은 흔치 않았다. 그러나 문종 때부터는 적
극적으로 들어와서 진주·수은·우마 등의 토산품을 거래했다.
벽란도에서 특히 사람들의 눈길을 끌었던 것은 대식국大食國, 즉 아
라비아 지역의 상인들이었다. 당나라 때부터 남중국의 광주廣州를 중

심으로 무역의 기반을 다졌던 아라비아 상인들은 송대에 이르러서도 활발하게 무역 활동을 했다.

《고려사》에는 "현종 15년 9월 대식국의 열라자悅羅慈 등 100명의 상인이 와서 토산물을 바쳤다"는 기사가 나온다. 또 정종 6년(1040)에는 "대식

명나라 때 백과사전 《삼재도회三才圖會》에 실린 대식국의 인면과人面果 ● 동아시아인들에게 아라비아는 교역의 대상이며 상상의 공간이었다.

국의 상인 보나개保那盖 등이 와서 수은·용치龍齒·점성향占城香·몰약沒藥·대소목大蘇木 등 각종 아라비아 산물을 바쳤다. 그러자 왕은 해당 관원에게 명하여 이들을 객관에 묵게 하고 후하게 대접하였다. 또 이들이 돌아갈 때 많은 금과 비단을 주었다"는 기사도 남기고 있다.

바로 이들 아라비아 상인이 다른 나라에 고려의 존재를 알렸다. 우리나라가 코리아로 불리게 된 것도 벽란도를 찾은 이들 때문이었다.

참고로 '코리아'란 이름은 13세기 중반 몽골제국을 방문했던 프랑스인 뤼브뤼키Guillaume de Rubruquis가 지은 《동방여행기》에 처음 등장한다. 그는 이 책에서 "중국 동쪽에 카울레caule(고려의 중국식 발음인 '가오리'를 옮긴 것)라는 나라가 있다"고 썼다. 코리아라는 단어야말로 고려의 개방정책의 결과이자 산물이었던 것이다.

고려를 세운 왕건의 선조들은 바다 상인이었다. 그런 만큼 고려의 출범은 처음부터 바다와 깊은 관계를 맺고 있었다. 12세기 초 고려를 찾은 서긍은 고려를 해양국으로 인식했고, 고려인들이 "바다에서 자

1595년 포르투갈의 테이세이라가 발간한 지도에 섬으로 표현되어 있는 고려의 모습 ●
COREA 그리고 Cory라는 지명이 보인다. 사진 제공 서정철.

라 고래 같은 파도를 탄다"고 기록했다.

고려는 해로와 항구가 잘 정비되어 있어 대규모 물자 이동은 주로 바다와 강을 통해 이루어졌다. 고려 조정은 모두 13개의 조창漕倉(세금으로 거둔 쌀 등을 모아 보관하고 이를 중앙으로 보내기 위해 설치한 창고 또는 그 일을 담당하던 기관)을 운영하고 있었는데, 덕흥창德興倉과 흥원창興元倉은 강 포구에 있었고, 나머지는 모두 바닷가에 있었다.

고려인들은 발달한 해상 교통을 이용해 중국 대륙으로도 뻗어나갔고, 그 결과 송나라 곳곳에 고려관이 설치됐다. 1041년 등주登州(지금

의 연태시)에 이어 1117년에는 절강성 명주明州(지금의 영파시)에도 고려
관이 들어섰다. 모두 신라방이 설치돼 신라인들이 활발하게 활동하던
지역들이다. 따라서 신라가 멸망한 뒤에도 이곳에 남아 있던 옛 신라
인들이 활동을 계속했을 것으로 추정된다. 또 1078년에는 송나라가
바다로 나가는 출구인 진해시에 고려 사신을 맞이하기 위한 영빈관을
세웠다. 이는 송나라가 고려에 대해 얼마나 공을 들이고 있었는지를
보여준다.

송과의 무역은 대부분 공적으로, 조공 무역의 형태로 이루어졌는데
그 규모는 대단했다. 문종 32년(1078년) 6월 송이 사신단에 함께 보낸
물건만 해도 종류는 100가지가 넘었고, 수량은 자그마치 6,000점에
이를 정도였다.

당시 거란과 맞서고 있던 송나라는 이 공교역에서 고려의 비위를
맞추기 위해 노력했다. 때문에 송이 고려로 보내는 이른바 사여품賜與
品이 고려가 보내는 조공품보다 훨씬 더 많았다. 무역 역조 현상이 일
어난 것이다.

당시 고려가 송에 수출한 물건은 금·은 기구, 화문능라花文綾羅, 세저
細苧(세모시), 생포生布, 인삼, 표피豹皮(표범 가죽), 해표피海豹皮(바다표범 가
죽), 백지白紙, 향유, 화문석, 나전螺鈿, 장도, 지紙, 필筆, 묵墨, 부채 등으로
다양했다.

송에서 수입한 물품은 의대衣帶, 말안장, 채단綵緞, 칠갑漆匣, 옥玉, 물
소 뿔, 금·은 기구, 금박金箔, 차, 향료, 약재, 자기, 서적, 악기, 화폐 등
이었는데 중국산이 아닌 것도 많았다. 서남아시아산 물건이 송나라를
통해 고려로 들어온 것이다.

개성에서 출토된 중국 거울 유물.

이 교역에 대해 소동파蘇東坡는 "우리가 받은 조공품은 노리개 같은 불필요한 물품인데 백성들이 고생하며 번 돈으로 그것들을 사고 있다. 고려 사절단이 가져온 물품들이 시장을 어지럽힌다"며 불만을 표시했다. 또 "고려의 교활한 상인들이 아무 때나 조공을 핑계로 들어와 중국을 소란케 한다"며 강한 거부감을 표출했다. 학자이자 정치가인 사마광司馬光 같은 이들도 실익 없는 고려와의 외교 관계를 단절할 것을 요구했다.

이처럼 중국의 지식인들이 노골적으로 불만을 터뜨린 것을 보면 무역 역조 현상이 생각보다 심각했던 것 같다.

해양국이 되려면 먼저 선박을 만드는 기술이 뛰어나야 한다. 고려는 각종 상선에서부터 대선大船·과선戈船 등의 군함, 일종의 순찰선인 순선에 이르기까지 다양한 종류의 배를 가지고 있었다. 상선을 어떻게 건조시켰는지에 대한 기록이 없지만 군함 건조와 관련된 기록은 남아 있어 이를 통해 고려의 조선술을 엿볼 수 있다.

전성기였던 현종 대부터 숙종 대에는 동해 연안에 여진 출신 해적들이 자주 쳐들어왔다. 그들은 고려는 물론 일본 연안까지 진출해 약탈 행위를 일삼았다. 이들을 소탕하기 위해 고려 정부는 진명鎭溟(지금의 함경남도 문천)과 원흥元興(지금의 함경남도 정평), 통주通州(지금의 평안북도 선천)와 압강鴨江(지금의 압록강)에 선병도부서船兵都部署를 설치하고 군함을 건조했다. 이때 만들어진 대표적인 배가 과선인데 이름 그대로 뱃전에 창검을 꽂고 뱃머리에는 철로 된 돌출물을 설치했다.

일본의 사서史書《소우기小右記》에는 "고려의 전함은 선체가 높고 큰 이상한 모습을 하고 있었다. 다락집을 좌우에 각각 넷을 세웠는데 배 앞부분에는 철로 만들어진 뿔이 있어 적선을 들이박아 부수었다"고 기록되어 있다. 적선을 뿔로 들이박아 공격하는 것으로 미뤄볼 때 거북선의 전신이 아니었을까? 이 과선은 일본인들을 놀라게 했을 뿐만 아니라 여진 해적선을 압도했다.

고려의 조선술은 원나라도 인정할 만큼 뛰어났다. 1574년 원나라 황제는 일본을 공격하기 위해 원의 장군 홍다구洪茶丘와 고려 장군 김방경金方慶에게 남송식 함선 300척을 만들라는 명령을 내렸다. 그린데 함선을 남송식으로 건조하려면 비용이 지나치게 많이 들어갈 뿐만 아니라 도저히 원이 요구하는 기한 내에 완성할 수가 없었다. 이에 김방경은 함선을 고려식으로 만들도록 해달라고 건의하여 허락을 받았다. 김방경은 전라북도 부안의 변산과 전라남도 장흥의 천관산에 조선소를 설치하고 이곳에 조선 기술자 3만 5,000명을 집결시켜 선박을 만들기 시작했다. 그리고 결국 약속한 기일 내인 5개월여 만에 대선 300척과 소선 600척을 만들어냈다. 이처럼 단시간에 대규모의 선박을 만들어냈다는 것은 당시 고려의 조선 기술이 얼마나 뛰어났는지를 잘 보여준다. 또한 이 배들은 중국의 배들보다 훨씬 더 튼튼했다.

1281년 8월 초 일본을 공격하던 고려와 몽골 연합군은 심한 태풍을

**《몽고습래회사蒙古襲来絵詞》에 실린 몽골군과 일본군의 전투도** ◑ 여몽연합군의 일본 원정은 태
풍과 해상전에서의 열세로 인해 실패로 돌아갔다.

만났다. 이때 주로 남송에서 만든 몽골의 전함은 대부분 부서졌고, 몽
골군 10만여 명도 물에 빠져 숨졌다. 그러나 고려 군선은 견고한데다
수부들이 배를 잘 다루어 큰 피해를 입지 않았다. 7,000여 명의 장병
을 잃었는데 몽골군에 비하면 손실이 매우 작은 편이었다.

　이러한 고려의 뛰어난 조선 기술은 조선시대 이종무李從茂의 대마도
정벌이나 이순신 장군의 함대를 만들어낸 원동력이 됐다.

# 4 쌍화점의 도시 개경과 송상松商들

　　고려의 수도 개경에는 전성기로부터 100여 년이 지난 13세기 전반에도 무려 10만 호가 살았다고 한다. 한 집에 4～5명이 산다고 보면 인구가 40～50만 명에 달했다는 것이다. 당시 유럽 상업과 문화의 중심 도시이던 이탈리아 피렌체의 인구가 10만 정도였다고 하니 동시대 개경이 얼마나 큰 도시였는지 짐작할 수 있을 것이다. 당시만 해도 동아시아 문명이 서양 문명보다 훨씬 앞서 있었다.

　개경 도성 안에는 남대가南大街를 중심으로 개경 주민들에게 생활용품과 사치품을 파는 시장이 들어서 있었다.

　개경 시장 안의 상점에는 송나라 상인뿐만 아니라 일본, 아라비아 사람들이 가져온 수은, 유황, 진주, 악기, 해조류, 나전 제품, 거울 함, 벼루 함, 향로, 부채, 빗, 칼, 무늬 넣은 비단, 후추, 몰약, 점성향占城香(베트남 지역에서 나던 향료) 등 다양한 이국적인 물건들이 진열되어 있었다.

개경에 온 외국 상인들은 먼저 상품을 고려 황제에게 바치고 그 대가로 무역 허가와 하사품을 받는 사헌무역私獻貿易의 형태를 취하였다. 고려 정부는 개경을 자주 찾는 상인들에게 숙소를 제공했다. 12세기에는 중국 상인과 여행자들을 위한 청주관淸州館, 충주관忠州館, 사점관四店館, 이빈관利賓館 등의 관사館舍가 있었다.

개경에 외국인들이 많이 거주했다는 것은 고려속요 〈쌍화점雙花店〉을 봐도 알 수 있다.

> 쌍화점에 쌍화 사러 가고신데(만두 가게에 만두 사러 갔더니만)
> 회회回回 아비가 내 손목을 쥐여이다(이슬람계 서역인인 내 손목을 잡더이다).
> 이 말사미 이 점店 밧긔 나명들명(이 말이 가게 밖에 나고 들면)
> 다로러 거리러 죠고맛감 삿기 광대 네 마리라 호리라(조그만 새끼 광대 네 말이라 하리라).
> 더러둥셩 다리러디러 다리러디러 다로러거디러 다로러
> 그 자리에 나도 자라 가리라(그 자리에 나도 자러 가리라).
> 위 위 다로러거디러 다로더
> 긔 잔데가치 덦거츠니 업다(그 잔 곳처럼 지저분한 곳이 없다).

이 가사를 읽으면 거리를 자유롭게 오가는 서역인들과 그들이 고려 여인들과 사랑을 나누는 모습이 머릿속에 그려진다. 당시 개경은 이처럼 개방적인 도시였다.

이러한 개경의 분위기가 후일 개성상인이라는 상인 집단을 만들어냈다. 개성상인들은 단순한 거래를 넘어서 합리적인 거래 기법과 경영 상술도 개발해냈다. 그들이 만든 '사개송도치부법四介松都置簿法'이라는 독특한 복식부기 회계장부는 서양보다 2세기나 앞서 만들어진 것이다.

개성의 시장 상인들은 조선 왕조가 도읍을 한양으로 옮기자 위기를 맞았다. 그러나 그들은 인삼 거래와 홍삼의 밀소, 밀수출 등으로 사본을 축적해나갔다. 그리고 전국에 송방松房이라는 지점을 설치하고 힘을 모아 조선 후기까지 그 명성을 이어갔다.

《악장가사樂章歌詞》에 실린 〈쌍화점〉 가사 ◐
외래인과 성에 대해 개방적이었던 고려 사회의 활력 있는 모습을 잘 보여준다.

# 2

## 이혼과 재혼이 자유로웠던 고려 여인들

 

 

고려 여인들의 지위는 우리가 상상하는 것 이상으로 높았다. 한국의 남녀 차별은 조선시대에 본격화되었는데 지금 우리가 가지고 있는 사고의 틀도 그 범주에서 벗어나지 못하고 있다. 조선시대 때 아들, 그것도 장남이 부모를 봉양하고 제사를 지내는 관행이 굳어지게 되면서 이른바 '남아 선호 사상'이 뿌리 깊이 자리 잡게 됐다.

그러나 고려는 달랐다. 오히려 딸도 부모를 봉양하는 책임을 졌다. 조상에 대한 제사도 맏이인 장남만 지내지 않았다. 형제, 남매가 번갈아 지냈다. 고려 후기의 학자 이곡李穀은 '부모를 봉양하는 것은 딸의 몫'임을 강조하는 글을 쓰기도 했다. 이와 같은 분위기가 형성된 이유 중의 하나는 남자가 결혼해서 여자 집에 들어가 일정 기간 동안 생활하는 '서류부가혼壻留婦家婚'이 유행했기 때문인 것으로 보인다.

고려시대 때는 혼례를 신부 집에서 치렀다. 사위들은 처가에서 아이들이 클 때까지 지내는 경우가 많았다. 남자들이 처가살이에 익숙한 사회 분위기였던 것 같다. 딸이 결혼하고도 부모와 함께 살았으니 당연히 아들보다는 딸이 남편과 더불어 부모를 봉양하는 경우가 많았을 것이다. 고려시대 관리의 묘지명을 보면 "외가에서 자라 외할아버지나 외삼촌의 은혜를 크게 입었다"는 내용의 기록을 흔히 볼 수 있다. 이규보도 장인의 제문에 "사위가 되어 밥 한 끼와 물 한 모금을 다 장인에게 의지했다"고 적었다. 대부분의 여성들이 '시집살이'에 시달렸던 조선시대와는 큰 차이를 보이고 있다.

우리는 지난 2008년에야 비로소 부계 위주의 호주제를 철폐했는데 고려시대에는 여성이 호주가 될 수 있었다. 고려시대의 호구단자戶口單子(호적을 작성하기 위한 기초 자료로 각 가구마다 호의 구성원을 기록하여 제출한 서류)를 보면 남편이 사망했을 경우 장성한 아들이 있다 하더라도 어머니가 호주가 되기도 했다. 또한 호구단자에 기재된 형제자매의 순서는 태어난 순서대로 썼다. 무조건 아들을 우선순위로 기록한 조선시대와는 달랐다.

요즘도 대부분 자녀수를 적을 때 '몇 남 몇 녀'라고 쓴다. 그러나 고려시대에는 딸이 먼저 태어났을 때는 '몇 녀 몇 남'이라 기록했다. 또 여성이 재혼했을 때는 전 남편의 자식(義子)도 새 남편의 벼슬에 따른 혜택인 음서蔭敍(고위 관료나 공이 있는 관료의 자손에게 과거를 거치지 않고도 관직 진출의 혜택을 주는 제도)를 받았다.

남녀평등 문제에 관한 한 우리는 고려시대보다 훨씬 뒤처져 있었던 것이 틀림없어 보인다. 고려시대에는 아들과 딸이 차별 없이 부모의 재산을 상속받았다. 고려시대 호구단자는 노비를 아버지 쪽, 어머니쪽으로 구분해 기록하고 있다. 각각 상속을 받아 데리고 온 노비들을 구분해놓은 것이다. 토지도 마찬가지로 균등하게 상속됐다.

《고려사》권102 〈열전〉 손변전孫變傳에 나오는 다음의 이야기는 고려 시대의 남녀 균분상속 관행을 잘 말해주고 있다.

　　손변이 경상도의 안찰사按察使가 되었는데, 그 고을에 사는 어느 집안 의 남동생과 누이가 재산 문제로 송사를 벌이고 있었다. 남동생은 "한 부모 밑에서 태어났는데, 어찌 누이 혼자 재산을 갖고 동생은 그 몫이 없단 말입니까?"라고 하였고, 누이는 "아버지께서 임종하실 때 전 재산 을 나에게 주고 너한테는 검은 옷 한 벌, 검은 관 하나, 신발 한 켤레, 종 이 한 장만 주라고 하셨으니, 어찌 이를 어기겠는가?"라고 하였다.

　　송사는 여러 해 동안 해결되지 않았는데 손변이 부임해와서 그 내용 을 듣고 남매를 불러 이르기를 "자식에 대한 부모의 마음은 균등한데 어찌 장성하여 결혼한 딸에게는 후하고, 어미 없는 어린 아들에게는 박 하겠는가. 어린아이가 의지할 자는 누이였으니 만일 누이와 균등하게 재산을 물려주면 동생을 사랑함이 덜하여 양육함에 소홀함이 있을까 염 려한 것이다. 따라서 아버지는 아들이 장성하면 물려준 옷과 관을 갖추 어 입고서 상속의 몫을 찾으려 탄원서를 제출할 수 있게 하기 위해 종이 와 붓 등을 유산으로 남겨준 것이다"라 하니 누이와 남동생이 서로 손 을 부여잡고 울었다.

모계 쪽에서 재산뿐만 아니라 사회적 지위나 가문을 계승하는 경우 도 있었다. 문종 원년(1046년)에 문하시랑평장사門下侍郎平章事 황보영皇甫

穎은 아들이 없어서 임금에게 청하여 외손 김녹숭金祿崇을 자신의 대를 이를 자식으로 삼았다. 아마도 음서 때문에 청을 한 것으로 보인다. 외손자 김녹숭은 9품의 관직을 받게 되어 황보영의 가문을 승계하게 되었다. 족보에 딸의 이름마저 잘 올리지 않던 조선시대와는 확연히 다른 것이 고려시대였다.

고려시대에는 여성의 이혼과 재혼이 허용되는 편이었다. 여인에게 수절을 강요하던 조선시대와는 확연히 달랐다. 서긍은 《고려도경》에 "남녀가 경솔히 합치고 쉽게 헤어진다"고 기록하고 있다. 또 고려 사람들은 모두 깨끗하다며 "아침에 일어나면 먼저 목욕을 한 후 집을 나서고, 여름에는 하루에 두 번씩 목욕을 한다. 흐르는 시냇물에 많이 모여 남녀 구별 없이 모두 의관을 언덕에 놓고 물굽이 따라 속옷을 드러내는 것을 괴상하게 여기지 않는다"고 목욕하는 모습을 묘사하고 있다. 이방인의 눈에는 고려인들이 지나치게 자유분방하게 보였던 모양이다.

고려속요, 즉 고려인들이 즐겨 부르던 대중가요는 조선의 것과는 내용면에서 차원이 달랐다. 고려속요는 솔직하고 담백한 시정을 노래한 것이 많다. 특히 남녀의 애정 풍속을 다룬 노래는 〈쌍화점〉에서 볼 수 있는 것처럼 묘사가 너무도 사실적이고 대담하여 조금의 부끄러움도 없었다. 음울하고 답답한 한을 그린 조선시대의 가사와는 질적으로 달랐다. 그만큼 고려 사회는 밝고 개방적이었던 것이다.

남편들도 부인에 대한 사랑을 거리낌 없이 나타냈다. 여기서 고려시대에 살았던 한 부부의 사랑 이야기를 들어보자.

인종 24년(1146년) 정월에 염경애廉瓊愛(1100~1146년)라는 평범한 집

**염경애 묘지명 ⊙** 고려 의종 2년(1148년)에 만들어졌다. 천 년의 세월을 넘어 부인 염경애를 향한 최루백의 사랑이 고스란히 묻어난다. 국립중앙박물관 소장.

안의 여인이 사망했다. 염경애는 최루백崔婁伯의 아내였는데 갑자기 병을 얻어 세상을 떠났다. 이들 부부가 알려진 것은 남편 최루백이 갑자기 세상을 떠난 아내를 위해 만든 묘지명墓誌銘(현재 국립중앙박물관에서 소장하고 있다)이 발견됐기 때문이다.

남편 최루백은 묘지명에서 부인 염경애에 대해 이렇게 적었다.

"사람됨이 아름답고 조심스럽고 정숙했으며 부모를 잘 섬겼고, 결혼 뒤에는 아내의 도리를 부지런히 잘했다. …… 믿음으로써 맹세하건대 그대를 결코 잊지 않겠노라. 무덤에 함께 묻히지 못하는 것이 매우 애통하도다."

최루백은 정7품 이하의 하급 관리에 머물러 있었기 때문에 생활이 넉넉지 못했을 것이고, 때문에 부인이 고생을 많이 한 것 같다.

그가 아내를 위해 쓴 묘지명을 통해 우리는 고려시대의 남녀가 서로에 대한 애정을 얼마나 남김없이 표현했는지 알 수 있다. 물론 여성의 지위가 높았기 때문에 이러한 글도 나올 수 있을 것이다.

**6** 송과 거란 사이에서 펼친
등거리 외교

고려가 거란과의 전쟁에서 승리하자 고려를 바라보는 주변국들의 시선이 달라졌다. 거란의 침략에 전전긍긍하던 송나라 조정은 고려와의 동맹을 강력히 원했다. 1044년 송나라 관료 부필富弼은 황제에게 하북河北 지방 방어책 12가지를 제시하면서 "고려는 그 시서예의詩書禮義가 중국 못지않으며, 거란이 무력으로 제압하려 하자 이에 대항해 싸웠습니다. 비록 고려가 거란을 섬기고 있지만 거란은 고려를 두려워하고 있습니다. 고려를 큰 근심거리로 여기고 있는 거란은 감히 모든 역량을 다 동원해 남쪽으로 내려올 수 없습니다. 그러므로 고려를 잘 대접해 거란이 우리나라를 침범하려 하면 고려로 하여금 거란을 치게 해야 합니다"라고 건의했다. 그만큼 고려의 국력을 높게 평가한 것이다.

송나라 조정은 여러 차례 고려에 사신을 보내 대거란 전쟁에 나서

달라고 요청했다. 심지어는 "좋은 때는 두 번 다시 오지 않으니 거란을 물리치고 나서 얻는 인물, 우양牛羊, 재보財寶 등을 전부 고려에 주어 싸움에서 이긴 고려 병사들의 사기를 드높이도록 하겠다"는 조건까지 내놓았다.

그러나 고려는 송나라가 거란을 이길 수 있으리라는 확신이 서지 않았기 때문에 답을 주지 않은 채 시간을 끌었다. 고려는 끝내 군사를 보내지 않았고, 굳이 거란을 자극할 필요가 없다는 판단 하에 송과의 공식적인 관계를 단절했다.

고려 제11대 문종 12년(1058년)에 왕이 송나라와 국교를 재개하려 하자 신하들이 입을 모아 반대하며 "지금 우리나라는 문물과 예악禮樂이 번성한 지 이미 오래되었습니다. 장삿배가 줄을 이어 우리나라에 들어와서 진귀한 물자가 날마다 들어오고 있습니다. 중국과 교통하여도(국교를 재개해도) 실제로 도움을 받을 일이 있겠습니까?"라고 주장했다.

우리 역사상 중국 대륙의 국가를 이렇게 무시한 적이 있었을까? 한마디로 자존과 자부심이 넘치던 시절이었다.

송나라 조정은 문종 22년(1068년)과 문종 24년(1070년) 두 차례에 걸쳐 고려 조정에 통교를 청했다. 송나라는 문종의 넷째 아들인 대각국사大覺國師 의천義天이 몰래 고려를 떠나 송에 갔을 때 황제까지 나서서 그를 대접하며 고려인들의 마음을 사기 위해 노력했다. 이러한 송나라의 노력과 중국 문화에 대해 관심을 가지고 있던 문종이 단교 80여 년 만인 1071년 드디어 민관시랑民官侍郎 김제金悌를 송에 보냄으로써 닫혔던 국교가 다시 열렸다.

〈대각국사 의천 진영〉.
1805년, 비단에 채색, 144
×110센티미터, 선암사 소
장. 대각국사 의천의 초
상화다. 녹색 장삼에 붉은
가사를 입고 의자에 앉아
있는 모습이다. 사색에 잠
긴 듯한 눈, 굳게 다문 입.
이마와 입가의 주름살 등
에서 학식과 수행이 높은
경지에 이른 고승의 분위
기가 느껴진다.

단교된 뒤 고려와 비공식적인 관계만 유지하다 공식적으로 국교가
재개되자 송은 고려의 환심을 사기 위해 노력했다. 송나라 조정은 고
려 사신의 격을 다른 나라 사신과 같은 조공사朝貢使가 아닌 국신사國
信使로 높이고 서열을 서하西夏(티베트계인 탕구르족이 세운 나라) 위에 두
었다. 사신 접대도 거란 사신과 마찬가지로 추밀원樞密院에서 맡아 하
도록 했다. 이에 대해 송의 일부 대신들이 "고려 사신에게 베푸는 대
접은 너무나 과분해 다른 나라를 훨씬 넘어선다. 이는 합당치 않다"고
지적할 정도였다.

송의 관료이자 유명한 시인 소동파는 고려 사절을 접대하는 비용이 너무 많이 든다는 불만을 나타내기도 했다.

송나라는 문종 32년(1078년) 고려에 사절단을 보냈는데, 사절단이 탄 배 두 척에는 금·은기, 옥, 의대, 비단, 칠기, 악기, 안마 등 진기한 물품이 가득했다. 그 품목이 100가지를 넘었고, 물건의 수는 6,000개를 넘었다. 또한 문종이 세상을 떠났을 때는 요나라와 송나라 모두 조문사弔問使를 보내 정중하게 애도의 뜻을 표했다.

《고려사》권9에는 고려 말의 대유학자이자 뛰어난 문장가였던 이제현李齊賢이 당시의 상황을 설명한 글이 남겨져 있다.

송나라는 매번 왕을 칭찬하는 글을 보내왔고, 거란은 매년 왕의 생신을 축하하는 의례를 치렀으며, 바다 건너 동쪽에 있는 왜국에서는 보배를 바쳤다. 북쪽에 있는 여진들도 관문에 들어와서 토지와 주택을 받았다.

여기서 문종에 대해 짚고 넘어가자. 일반인들에겐 대각국사 의천의 아버지 정도로밖에 알려지지 않았지만 문종은 재위 37년 동안 '고려의 세종'이라 칭해도 좋을 만큼 눈부신 업적을 많이 남긴 임금이다. 그는 각종 제도를 정비하여 내정을 안정시키고 군사력 강화와 대외적인 팽창을 통해 동아시아에서 독자적인 세력권을 형성했다. 또 불교·유교를 비롯하여 미술·공예에 이르기까지 고려만의 독특한 문화를 형성했다. 고려의 전성기 중에서도 최전성기가 그의 시대였다. 고려의 대학자 이제현은 문종을 다음과 같이 평가하고 있다.

현종·덕종·정종·문종은 부자와 형제끼리 서로 대를 이어 전후 거의 80년 동안 전성시대를 이루었다고 할 만하다. 그 가운데 특히 문종은 스스로 근면하고 검소했으며, 어진 인재를 등용하고 백성을 사랑하였다. 형벌을 너그럽게 하였으며, 학문을 숭상하고 어른을 존경하였다. 중요한 벼슬이 자격 없는 자에게 미치지 않고, 권력이 친근한 자에게 돌려지지 않도록 하였다. 비록 가까운 친척이라 하여도 일정한 공로가 없으면 표창하는 일이 없었고, 사랑하는 좌우 측근이라 하여도 그들이 잘못을 저질렀을 경우에는 반드시 벌을 주었다.

왕의 시중을 드는 환관의 수가 10여 명에 불과하였고 내시內侍는 반드시 공로와 재능이 있는 자를 선택하여 임명하였는데 이 역시 20여 명에 불과하였다. 이리하여 쓸모없는 벼슬아치가 줄어들어 사업은 간편하게 되었고, 비용이 절약되어 나라가 부유해졌다. 창고에는 해마다 묵은 곡식이 쌓이고 집집마다 살림이 넉넉하여 당시 사람들은 이때를 태평성세라고 일컬었다.

이 글을 읽으면 마치 '성군이 되려면 어떻게 해야 하는가?'라는 질문에 대한 모범 답안을 보는 듯하다. 지도자의 자기 절제, 작은 정부, 공정한 인사 정책 등 현재의 효율적인 정부론의 핵심이 그대로 적용된 시기였던 것 같다.

# 7

## 동쪽에 솟는 붉은 해, 고려인의 문화적 자긍심

현종에서 예종 시기의 고려인들은 문화적 자존 의식이 대단히 컸다. 고려 중기의 시인 진화陳澕는 금나라에 사신으로 가는 길에 지은 시 〈봉사입금奉使入金〉에서 이렇게 노래하고 있다.

서쪽의 꽃은 이미 쓸쓸히 시들어가고 西華已蕭索

북쪽의 성도 아직 어둡고 캄캄하네. 北塞尙昏夢

조용히 앉아서 문명이 밝아오는 아침을 기다리니 坐待文明旦

하늘 동쪽에 붉은 해가 솟으려 하네. 天東日欲紅

여기서 '서쪽의 꽃'은 남송을, '북쪽의 성'은 몽고를, 그리고 '동쪽에 떠오르는 붉은 해'는 고려를 의미한다. 다시 말해 중국의 세력은 이미 기울어가고 있고, 몽골은 아직 미개한 수준이고, 고려가 해처럼 떠올

**몽골제국의 5대 칸이자 원나라의 초대 황제인 쿠빌라이** ● 역사상 가장 광활한 제국을 건설했던 쿠빌라이의 고려에 대한 평가는 당시 주변국의 고려에 인식을 대변해준다.

라 문명을 꽃피운다는 뜻이다.

실제로 전성기 시절 고려는 중국의 이웃 국가 중에서 가장 문화 수준이 높은 나라였다. 중국인들은 고려를 '문물과 예의를 갖춘 나라'라고 치켜세웠다. 오히려 중국보다도 더 낫다는 평가도 나왔다. 후일 남송을 멸망시키고 중국 대륙을 석권해 인류 역사상 가장 넓은 영토를 통치했던 몽골제국의 쿠빌라이忽必烈 황제는 고려에 대해 다음과 같이 평했다.

> 고려는 작은 나라이지만 공장工匠(기술자)과 돌기突技(재주)가 모두 한인보다 나으며, 유학자도 모두 경서에 능통하고 공자와 맹자를 배운다. 허나 중국인은 오로지 부賦를 짓고 시詩를 읊는 데만 힘쓰니 장차 어디에다 쓰겠는가.

물론 남송을 멸망시킨 후 중국을 우습게 봐서 하는 말일 수도 있지만 주변국 사람들이 고려를 바라보는 인식의 한 단면을 볼 수 있는 평가다.

전성기가 오기 전에도 고려인들은 자신들의 문화에 대해 강한 자부심을 가지고 있었다. 태조 26년(943년) 왕은 죽음을 앞두고 후손들에게 10가지 유훈을 남겼다. 바로 우리들도 잘 알고 있는 〈훈요십조訓要十條〉다. 그중에서 제4조를 보면 태조가 동아시아 각국의 문화를 어떻게 인식하고 있었는지 알 수 있다.

우리 동방은 옛날부터 중국(당)의 풍속을 본받아 문물과 예악禮樂을 다 그대로 따라 해왔다. 그러나 지역이 다르고 사람의 성품도 각각 같지 않으니 반드시 억지로 따르려 하지 말라. 거란은 우매한 나라로 풍속과 언어 또한 다르니 그들의 의관제도衣冠制度를 함부로 본받지 말라.

이 조항에서 태조는 거란을 무시하고 있을 뿐만 아니라 중국에 대해서도 문화적 자부심을 갖고 독자성을 유지해나갈 것을 강조하고 있다.

고려인들의 문화적 자부심은 단지 자부심만으로 그치지 않았다. 실제로 고려인들은 주변국들의 부러움을 살 만한 뛰어난 문화를 이루어냈다. 고려 초기에 후진後秦이 고려에 보낸 국서에서도 고려 문화의 우월성이 잘 드러나 있다. 그들은 "무기는 단단하고 강하며, 문장은 아름답고 곱다. 모시와 삼베옷은 눈같이 희고, 아주 묘한 약은 신기하고 불가사의하다. 손으로 만든 물건들은 보기 드물게 귀하고 기이하거니와, 여러 종류의 과실에서도 향기로운 명품이 눈에 띄어 칭찬하고 싶은 마음 간절하였다"고 극찬하였다.

이를 통해 당시 무기와 의약, 직조 등 다양한 분야에서 고려의 기술이 뛰어난 수준에 올랐음을 알 수 있다.

특히 중국 황실에서 인기가 높았던 고려의 수출품은 명품 비단이었다. 고려 혜종 대에는 금·은사와 오색실로 해·달·용·봉황 등을 수놓

아 만든 화려하고 정교한 명품 비단을 후진에 수출하였다. 이러한 고려의 명품 비단은 후진의 황제가 입는 정복의 옷감과 황후의 침대 요감으로 사용됐다.

또《고반여사考槃餘事》라는 책을 보면 송나라 선비들이 빙 둘러앉아 천하의 명품을 논하는 대목이 나온다. 이때 그들이 천하의 모든 차茶 가운데서 최고로 친 명차가 바로 고려 무등산에서 생산된 것이다.

송나라 선비들은 차뿐만이 아니라 고려의 문방 도구도 천하 명품으로 여겼다. 특히 종이와 먹은 명성이 높았다. 송의 선비들은 고려 먹 하나를 어렵게 구하면 애지중지하며 아주 중요한 일에만 사용했다고 한다.

천하제일의 명품으로 평가를 받은 것은 또 있다. 바로 고려 전성기의 공예 수준을 잘 보여주고 있는 고려청자다. 고려청자를 만드는 기술은 11세기 문종 대에 급속하게 발전했고 12세기 초에 정점을 찍었다.

12세기 초 고려를 방문한 송나라 사신 서긍은 《고려도경》에 "도기의 빛깔이 푸른 것을 고려인들은 비색翡色이라고 하는데 근년에 만드는 솜씨가

**《고반여사》** ● 중국 사람들의 문방청완文房淸玩의 취미를 개설한 책. 책 이름은 《시경詩經》에서 유래하였는데, 은자隱者의 낙樂이라는 뜻이다. 명나라 때 도륭屠隆이 편찬하였다고 하나 모某 상인이 당시의 명사였던 도륭의 이름을 빌려 지은 것으로 추측된다.

**청자기린장식향로 ◉** 고려시대에 만들어진 청자기린장식향로. 고려시대 공예 예술의 정점을 보여주는 명품이다. 국립중앙박물관 소장.

좋아졌고 빛깔도 더욱 좋아졌다"고 적었다.

여기서 우리는 당시 고려인들이 '너무도 아름답고 귀해 궁중에서만 사용하는 비밀스러운 색깔'이라는 뜻을 지닌 중국 월주越州의 비색秘色과 달리 푸른 옥빛을 의미하는 '비翡'자를 써서 청자 색깔을 구별했다는 점에 주목할 필요가 있다. 송나라의 지식인 태평노인太平老人이 《수중금袖中錦》이라는 책에서 "백자는 중국의 정요백자定窯白瓷가 천하제일이지만 청자는 고려 비색이 천하제일이다. 다른 곳에서도 만들려고 했지만 도저히 만들 수 없었다"라고 했듯이 독특하고 아름다운 색깔을 지닌 고려청자는 천하제일의 명품으로 평가받고 있었다.

초기의 고려청자는 중국 절강성 지역의 가마에서 생산된 중국 청자와 닮았다. 따라서 중국 청자의 영향을 많이 받았다고 할 수 있다. 그런데 고려청자의 생산지는 장보고의 청해진清海鎭 건너편의 강진이나 서해안의 전북 부안 등지에 분포돼 있었다. 절강성은 재당 신라인들이 머물렀던 곳으로 이들이 돌아와 서남 해안에 살면서 청자를 만들지 않았느냐는 추측도 나오고 있다.

하지만 이후 고려청자는 독특한 비색은 물론 기하학적 독창미와 상감 기법, 흉내 내기 어려운 무늬 도안 등 중국 청자보다 월등히 뛰어난 세련미와 완성미를 갖추게 되었다.

고려의 청자 기술은 단순한 그 릇 이외에도 등잔·베개·화장용 구·향로를 비롯해 벼루·연적 같 은 문방구에 이르기까지 다양한

**고려시대에 청자로 만들어진 석류 모양의 연적.**

일상 생활용품을 만드는 데도 활용됐다. 심지어 지붕을 덮는 기와, 실내장식용 타일, 의자 등과 같은 건축자재와 주거용품도 청자 기술로 만들어졌다.

고려 중기의 문장가 이규보가 자신의 청자 연적에 대해 읊은 시를 보면 고려시대 때 청자 용구가 널리 사용되고 있었음을 알 수 있을 것이다.

작기도 하구나, 푸른 옷 입은 동자 幺麽一靑童

고운 살결 옥과 같아라. 緻玉作肌理

무릎 꿇고 앉은 모습 너무나 공손하고 曲膝貌甚恭

눈과 코의 윤곽은 또렷하여라. 分明眉目鼻

하루 종일 지친 내색도 없이 競日無倦容

물병을 들어 벼룻물 부어준다네. 提瓶供滴水

......

너의 고마움 무엇으로 갚을 것인가 何以報爾恩

깨어지지 않게 소중하게 간직하리. 愼持無碎棄

# 8

## 중국에서 천태종의 교본을 저술하는 고려 승려들

당시 동아시아에서 불교는 유교와 함께 그 나라의 사상과 지식수준을 상징하는 하나의 축이었다. 이런 점에서 볼 때 고려 승려 제관諦觀과 의통義通의 행적은 당시 고려 불교의 수준과 고려의 지식수준을 가늠해 볼 수 있는 근거가 될 수 있을 것이다.

제관은 우리나라 천태학天台學(중국 수나라 때 천태 지의智顗가《법화경法華經》을 근본 경전으로 삼아 체계화한 사상)을 중국에 전해 중국의 천태종을 활성화시킨 인물이다. 고려 광종 11년(960년)에 중국으로 건너간 그는 천태종 12대조인 의적義寂 밑에 들어가 10여 년 동안 함께 천태종을 연구하다 광종 21년(970)쯤 입적했다고 한다.

제관이 중국으로 건너가게 된 것은 오월국吳越國의 왕 전숙錢俶의 부탁 때문이었다. 독실한 불교 신도였던 전숙은 당시 중국에서 명망이 높았던 의적으로부터 "당나라 말기에 난리를 겪어 천태종 책들이 흩

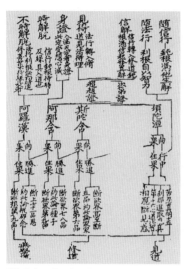

《천태사교의》역주서 중 하나인 《천태사교의집주상권天台四教義集註上卷》 ⊙ 1334년 명나라 승려 몽윤蒙潤이 저술했으며 일본에 전해졌다.

어지고 없어져 대부분 해외에 있다"는 말을 듣고 10명의 사자를 고려와 일본에 보내 책을 구해오도록 했다.

사신으로부터 전숙의 이야기를 전해 들은 광종은 제관을 불러 두 가지 일을 당부한 뒤 중국으로 보냈다. 그중 하나는 《지론소智論疏》, 《인왕소仁王疏》, 《화엄골목華嚴骨目》 등 중요한 책은 가져가지 말라는 것이었고, 다른 하나는 중국에 도착하면 스승을 찾은 뒤 어려운 문제를 던져서 그가 대답하지 못하면 가지고 간 나머지 책도 주지 말고 곧 돌아오라는 것이었다. 만약 중국의 승려들에게서 특별히 뛰어난 점을 발견하지 못한다면 우리의 불교 자산을 넘기지 말라고 한 것이다.

중국으로 건너간 제관은 오월국 왕에게 책을 건넨 뒤 나계사螺溪寺의 의적을 찾아가 가르침을 청했다. 그리고 천태종의 교본이라고 할 수 있는 《천태사교의天台四教義》를 저술했다. 그러나 제관은 자신의 유일한 저술인 이 책을 상자에 넣어두고 누구에게도 말하지 않았다고 한다.

《천태사교의》는 제관이 중국으로 건너간 지 얼마 안 됐을 때 지은 것으로 보인다. 그렇다면 제관의 학문적 깊이는 이미 고려에 있을 때부터 쌓인 것이다. 당시 중국인들은 이 책에 '천태종의 열쇠'라는 별명을 붙였다. 이후 천태종 계열뿐만 아니라 다른 종파에서도《천태사교의》에 대한 역주서를 많이 발간했고, 일본에까지 전해져 일본 천태 사상 발전에도 크게 기여했다.

제관에 앞서 중국 천태종계에서 이름을 떨친 고려 승려로는 의통이 있다. 고려 태조 10년(927년)에 태어난 의통은 정종 12년(947년) 즈음에 중국으로 건너갔다.

의통은 항주 일대에서 설법을 펼치던 희적義寂으로부터 일심삼관一心三觀의 이치를 듣고 큰 깨우침을 얻은 뒤 오래도록 그곳에 머물며 수행하여 천태종의 대가가 되었다. 이후 의통은 중국 천태종의 16대조가 됐다.

982년 4월 송나라 태종이 의통이 머물던 포교원에 보운寶雲이라는 이름을 내려 의통은 보운존자寶雲尊者로 불리게 되었다. 사양길에 접어들었던 송대의 천태종은 그의 등장에 힘입어 크게 중흥되었다.

고려 불교의 전체적인 수준을 알 수 있는 가장 중요한 유물은 역시 팔만대장경이다. 팔만대장경은 문화 강국 고려의 진면목을 보여주고 있다. 요즘 식으로 말하면 최첨단 지식 강국의 상징인 셈이다.

세계 최초의 목판 대장경은 송 태조 4년(972년)부터 태종 8년(983년)까지 11년에 걸쳐 완성한《북송칙판대장경北宋勅板大藏經》이다. 이 대장경은 총 1,076부 5,048권의 불경을 무려 13만 장이나 되는 목판에 새겨놓았다고 하는데 지금은 모두 전해지지 않는다.

《칙판대장경》이 만들어지자 고려 성종 10년(991년)에 사신으로 송나라에 가 있던 한언공韓彦恭이 귀국하면서 2,500권을 가져왔다. 이어 현종 13년(1022년)에는 한조韓祚가 송나라에서《칙판대장경》을 보완한

538권의 불경을 가져오기도 했다.

이를 토대로 내용을 보완해 만든 것이 《초조고려대장경初雕高麗大藏經》이다. 이는 고려 최초이자 세계에서 두 번째로 만들어진 대장경이다. 《초조고려대장경》은 대체적으로 현종 2년(1011년)부터 문종 대 (1046~1083년)를 거쳐 선종 4년(1087년)까지 76년에 걸쳐 판각된 것으로 보인다. 그러나 대구 팔공산 부인사에 보관되어 있던 이 대장경은 1231년 몽골군 침입 때 불타 없어졌다.

대장경은 뜻이 있다고 해서 어느 나라나 쉽게 만들 수 있는 것이 아니었다. 이웃 나라 일본에서는 만들고 싶어도 만들지 못해 학술 연구와 신앙 수련이라는 명목을 내세워 수차례 고려 정부에 대장경을 보내달라는 요구를 하기도 했다.

대장경을 만들기 위해서는 현존한 모든 불교 경전을 이해하고 정리할 수 있는 뛰어난 불교학자와 판을 만들고 글씨를 새겨놓은 뒤 오랫동안 보관할 수 있도록 할 수 있는 기술자가 필요했다. 당시 고려는 많은 불교 교학의 대가들을 보유하고 있었다. 기술도 세계 최초의 금속활자를 발명할 만큼 발달한 상태여서 이 같은 대규모 인류 문화유산을 만들 수 있었다.

한편 대각국사 의천은 문종 27년(1073년)에 왕의 명을 받고 선종 7년(1090년)까지 국내는 물론 송나라와 요나라, 일본 등지에서 불교 서적 4,000여 권을 수집한 뒤 이 책들을 목판 인쇄해 4,740권의 책을 간행했는데 이를 보통 《고려속장경高麗續藏經》이라 부른다.

이 속장경을 바탕으로 몽골군이 쳐들어왔을 때 만든 것이 현재 남아 있는 《해인사대장경판海印寺大藏經板》(국보 제32호), 즉 팔만대장경이

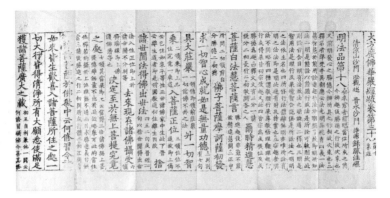

송나라 승려가 의천에게 보내온 화엄경 해설집.

다. 장장 16년(1236~1251년)에 걸쳐 만들어진 팔만대장경은 무려 8만 1,258판으로 구성되어 있다. 여타 불교 판본을 압도하는 세계적 규모의 목판 불경인 것이다.

경판의 한 면에는 각각 23줄이 있는데 1줄에 14자씩의 글자가 새겨져 있어 양면 모두를 합치면 644자가 된다. 대장경 전체로 볼 때 글자 수만 5,200여 만 자이다. 숙련된 기술자가 하루에 평균 40자를 새긴다고 보면 15년 동안 연인원 130만 명이 동원됐다는 이야기다. 글씨체는 한 사람이 쓴 것처럼 동일한 필체이며, 얼마나 교정을 철저히 보았는지 오자나 탈자가 거의 없다고 한다.

경판은 총길이가 68센티미터 혹은 78센티미터 정도이며 폭은 약 24센티미터, 두께는 2.7~3.3센티미터 정도이다. 무게는 경판의 재질에 따라 4.4킬로그램까지 나가는 경우도 있으나 대부분 3~3.5킬로그램 정도이다. 경판을 모두 쌓아놓는다면 높이가 약 2,400미터에 이르고, 전체를 이으면 길이가 약 60킬로미터, 전체 무게는 약 280톤이나

**팔만대장경 중 경經과 율律 선집 ●** 팔만대장경은 개태사의 승통僧統인 수기守其가 내용 교정을 맡아 북송 관판과 거란본 및 우리나라 《초조대장경》을 널리 대교對校하여 오류를 바로 잡아 판각하였다. 국립중앙박물관 소장.

된다. 이 대장경은 매수가 8만여 판에 달하고 8만 4,000의 번뇌를 풀어내는 8만 4,000의 법문이 수록되어 있어 흔히 팔만대장경이라 불렸으며, 고려왕조에서 두 번째로 만든 불교의 일체경—體經(불교 교리를 종합하여 편찬한 경전)이란 의미에서 《고려재조대장경판高麗再彫大藏經板》이라고도 불렸다.

이 대장경이 지금까지 완벽하게 보존되고 있는 것은 고려의 우수한 과학기술력 덕분이다. 특히 대장경을 보관하고 있는 해인사 장경판고藏經板庫(국보 제32호)는 지금까지 습기가 차거나 좀이 스는 경우가 없을 정도로 완벽하게 지어졌다. 자연의 통풍 능력과 습기 조절 기능을 잘 이용한 결과이다.

# 9

## 자주적 천하관을 가진
## 황제의 국가

　　황제국을 지향했던 고려는 일찍부터 자주적인 천하관天
下觀을 갖고 있었다. 이는 고려가 건국 초부터 군주를 황제와 천자라는
칭호로 불렀다는 데서 잘 나타난다. 주변국보다 우월하다는 문화적
자부심에 50년 간 계속된 후삼국시대를 통일했다는 의식, 즉 삼한일
통 의식이 그러한 생각을 하게 만든 것으로 보인다. 황제라는 말은 중
국 고대의 전설적인 제왕 삼황오제三皇五帝에서 나온 것으로 하늘을 대
신해 천하를 다스리는 사람을 뜻한다. 다시 말해 지상에는 오직 한 사
람밖에 없는 것이다.

　　고려 고종 41년(1254)에 최자崔滋가 지은 《보한집補閑集》에는 신라 경
순왕이 고려에 항복하며 바친 글에 태조를 천자라고 칭한 기록이 나
오는데 그 내용은 다음과 같다.

본국에 장차 환란이 일어날 것 같
고, 이미 나라의 운세가 다했나이
다. 그러나 다행히 천자의 빛나는
모습을 뵙게 되었으니 바라옵건대
신하의 예를 갖추고자 합니다.

또한《고려사》〈악지樂志〉에 실려
있는 궁중 연회곡의 가사 〈풍입송
風入松〉은 고려 군주를 해동 천자라
부르고 있다.

삼황오제 중 복희伏羲와 여와女媧의 그
림 ● 삼황오제는 이들로부터 중국 역사가 시
작되었다는 중국 고대의 전설적 제왕들을 말
하는데 전하는 기록마다 인물들이 일정치는
않다.

　해동 천자이신 지금의 황제에 이
르러
　　부처와 하늘이 도와주셔서 교화
가 널리 퍼져
　　세상이 잘 다스려지고 있다.
　　그 깊은 은혜 먼 나라나 가까운
나라, 예나 지금이나 드물어라.
　사방이 편안하고 깨끗하여 무기를 버리니
　황제의 덕이 요나라 임금, 탕나라 임금보다 높구나.


고려의 군주를 황제로 인식한 것은 고려인뿐만이 아니었다. 여진인
들도 고려의 군주를 천자나 황제로 불렀다. 여진이 세운 금나라는 고

려에 처음 보낸 국서 머리말에 "대금 황제가 고려국 황제에게 글을 보낸다(大金皇帝寄書于高麗國皇帝)"라고 적었다. 고려의 군주를 '황제'라 표현한 것이다.

고려 국왕은 국내와 자국의 세력이 미치는 범위 안에서는 스스로를 천자나 황제라 칭했으나 외부의 송과 거란에게는 왕이라는 칭호를 썼다. 거란과 송은 고려가 내부적으로 황제라는 칭호를 쓴다는 것을 알고 있으면서도 이를 문제 삼지 못했다.

황제국 체제에서는 군주가 세상을 떠난 뒤에 붙이는 묘호廟號에 종宗과 조祖 두 가지를 썼다. 재위 기간에 덕이 있으면 종, 국가를 창업한다든지 위기에서 구한 공이 있으면 조를 붙인 것이다.

고려 왕조는 조를 붙이는 것에 인색해 조를 붙인 군주는 오직 태조 왕건뿐이다. 나머지 23명의 임금에게는 모두 종을 붙였다. 왕은 천자보다 격이 낮은 제후를 부르는 칭호였다. 고려도 원나라의 간섭기와 그 이후 시기의 군주들은 모두 왕으로 불렸다.

정치 체제에 있어서도 고려는 황제국답게 중서성中書省·문하성門下省·상서성尙書省 등 3성과 이부吏部·호부戶部·예부禮部·병부兵部·형부刑部·공부工部 등 6부를 두었다. 성과 부는 천자국에서 쓰던 것으로 제후국에서는 좀처럼 사용할 수 없었다. 조선은 '부'라는 말을 함부로 쓸 수 없다고 하여 고려의 6부와 같은 역할을 하는 부서를 그보다 격이 낮은 '조曹'라고 고쳐 불렀다.

또 고려인들은 개경을 황성皇城 또는 황도皇都라 불렀다. 황제국인 고려 때의 대도시 행정 단위는 경으로 주요 도시를 개경(개성), 서경西京(평양), 남경南京(서울), 동경東京(경주)으로 불렀다. 그러나 제후국 체제를

베이징에 있는 원구단(위)과 소공동에 남아 있는 조선의 원구단(아래).

따랐던 조선의 경우는 부가 가장 큰 행정단위여서 한성부漢城府, 평양부平壤府, 계림부鷄林府(경주)로 불렸다.

고려의 제천의식인 팔관회에서는 고려 군주가 천자라는 의식이 성대하게 펼쳐졌다. 고려 황제들은 천자만이 입는 황포를 입고 중앙과 지방 관료들은 물론 송나라인, 여진인, 탐라인, 그리고 일본인들의 인사를 받았다. 또 하늘에 대한 제사는 황제만이 지낼 수 있었는데 고려는 원구단을 만들어 제천의식을 가졌다. 원구단은 조선시대에 없어졌다가 고종이 황제에 오르면서 다시 만들어 지금 서울 소공동에 남아 있다.

우리 역사상 황제로 불린 군주는 고려 전·중기의 군주들과 조선의 마지막 군주들인 고종과 순종뿐이다. 그런데 고종과 순종에게 붙인 황제 호칭이 허울뿐이었다는 사실은 대부분 알고 있을 것이다. 고구려의 광개토대왕도 황제라 불리지는 않았다. 대신 태왕이라는 존칭을 사용했다.

조선이 건국되어 《고려사》를 편찬할 때 고려시대에 황제라는 호칭을 쓴 것은 사대의 예에 어긋나는 일이라며 모두 고쳐지기도 했다. 논란 끝에 세종 대에 이르러 사실대로 기록하기로 했지만 본래 용어로 되돌리는 과정에서 빠진 것도 있었다.

**10**

## 금나라의 시조는
## 고려인이었을까?

세 차례에 걸친 거란과의 전쟁에서 고려가 승리함으로써 거란은 이제 무력으로 고려를 굴복시키려는 생각을 버렸다. 동아시아에서 고려의 위상은 높아졌고 송과 거란, 그리고 고려의 세력이 균형을 이루었다.

압록강 지역, 즉 거란과의 서북쪽 국경이 안정되자 고려의 관심은 동북쪽 여진과의 국경 지역으로 쏠렸다. 그 지역이 아직 안정돼 있지 않았기 때문이었다.

여진에 대한 고려의 기본 정책은 '회유를 통한 복속'이었다. 여진도 대거란 전쟁에서 고려가 승리하자 고려의 국력을 신뢰하고 대규모로 투항해왔다. 문종 대에만 130여 차례의 투항이 있었다는 기록이 있다.

이에 고려는 경제적으로 혜택을 주거나 관직을 부여함으로써 이들을 복속시켰다. 여진 부족장들에게는 지위와 세력에 따라 장군, 대장군이나 각종 지방 관직 등을 수여했고, 여진인들이 가축이나 말, 모피류를 바치면 그에 대한 답례로 식량과 옷감, 철제 농기구 등 필요한 물품을 주었다.

그러자 고려로 투항해온 여진족들이 자신들의 지역에 주군州郡을 설치해달라고 떼를 쓰는 일이 벌어졌다. 《고려사》권9 〈문종세가文宗世家〉 편을 보면 다음과 같은 기록이 나온다.

문종 27년(1073년) 4월에 동여진 15주의 족장들이 무리를 이끌고 잇달아 찾아와 군·현을 설치해 달라고 애걸하였다. 5월에는 서여진 족장 만두불漫豆弗 등이 동여진에게 했듯이 자신들의 지역에도 주·군을 설치해달라고 요청했다. 6월에 동북면병마사東北面兵馬使가 "여진족 1,238호가 와서 우리 국적을 갖기를 원하니 주의 이름을 말하여 정하게 해달라"고 아뢰었다.

문종은 동북면병마사의 청을 받아들여 고려에 귀순한 여진인 마을에 고려식 촌락 이름을 주고, 여진 부족장을 도령都領으로 임명해 촌락을 다스리도록 했다. 고려에 속한 자치 지역을 만들어 고려의 관할로 들어오도록 하는 정책을 펼친 것이다. 이로 인해 동여진은 고려의 기미주羈縻州(귀순주)가 되었고, 고려의 영토는 대폭 확대됐다.

그러나 이로 인해 여진족 내부에서 친고려파와 반고려파의 갈등이 불거졌다. 반고려파 여진족들은 친고려파를 무시하고 고려를 공격해 들어와 문종 대에만 스물네 차례의 분쟁이 있었다. 그러자 문종은 1080년 동여진이 침입했을 때 기병과 보병 3만 명을 보내 여진족을 평정하기도 했다.

여진에 대한 고려의 유화정책에는 한계가 있었다. 숙종 때 하얼빈哈爾濱 지방에서 일어난 완옌부完顔部 족장 잉게盈歌가 여진족을 통합하여 그 힘이 점차 커지고 있었던 것이다. 잉게는 북간도 지방을 장악한 후 두만강까지 진출했고, 숙종 9년(1104년)에 잉게의 뒤를 이은 조카 우야슈烏雅束는 더 남쪽으로 내려와 고려에 복속한 여진 부락을 점령하고 다스렸다. 이때 완옌부의 명령을 따르지 않는 무리가 있어 우야슈는 이들을 뒤쫓아 함경도 정평의 장성 근처까지 내려와 고려군과 싸움을 벌였다. 고려에서는 문하시랑평장사 임간林幹을 보내 우야슈를 물리치려 했으나 실패했고, 다시 추밀원사 윤관尹瓘을 보내 간신히 화맹和盟을 맺었다. 그러나 두 차례에 걸친 패전으로 정평·장성 외의 여진 부락은 완옌부의 손아귀에 들어갔다.

윤관은 숙종에게 패전의 원인을 설명하고, 대책을 마련해야 한다고 건의하여 별무반別武班이라는 새로운 군사 조직을 편성하게 되었다. 11개 부대로 이루어진 별무반은 기병인 신기군神騎軍과 보병인 신보군神步軍을 비롯하여 승병僧兵으로 구성된 항마군降魔軍과 화약을 사용하는 발화군發火軍 같은 특수부대까지 포함하고 있었다.

마침내 예종 2년(1107년)에 고려는 커져가는 완옌부 여진의 세력을 꺾기 위해 대규모 정벌군을 편성하여 원정길에 나섰다. 이는 한국사에서 유례를 찾아볼 수 없는 대원정이었다.

예종은 윤관을 원수로, 오연총吳延寵을 부원수로 임명한 후 17만의 별무반을 이끌고 동북을 향하도록 했다. 17만은 고려의 국력을 총동원한 대병력이었다. 윤관의 군대는 속전속결로 여진족 촌락을 평정해나갔다.

고려군은 점령지에 곧장 성을 쌓았다. 해당 지역을 문종 때처럼 귀순주 방식으로 간접 지배하는 것이 아니라 고려의 군현으로 만들어 직접 통치하기 위해서였다. 단순히 여진족 촌락을 공격하는 것이었다면 고려가 17만이라는 대병력을 동원할 필요가 없었을 것이다. 성을 쌓는 작업은 매우 빠르게 이루어져 점령 다

〈척경입비도拓境立碑圖〉 ◉ 고려 예종 2년(1107)에 윤관과 오연총이 길주, 공험진 등 9성을 쌓고 선춘령에 '고려지경高麗之境'이라고 새긴 비를 세워 경계를 삼은 일을 그렸다.

음해인 1108년에는 9성을 완성했다.

그 후 고려는 9성에 대규모로 주민을 이주시켰다. 당시 모두 6만 2,000호를 옮겼다고 하니 엄청난 이주 정책을 펼친 셈이다. 여진은 9성 지역을 탈환하기 위해 계속 공세를 폈는데 고려로서는 개경과 9성 사이의 거리가 너무 멀어 지키기가 쉽지 않았다.

전쟁이 장기화되자 고려 조정에서도 논란이 일어났다. 오랜 기간에 걸쳐 전쟁을 준비하느라 막대한 돈이 들어갔고, 인명 피해는 늘어만 가니 완옌부 여진에 9성을 돌려주고 화해하자는 목소리가 커졌던 것

이다. 이때 완옌부 여진에서 9성을 돌려주면 영원히 고려에 복속하겠다는 내용의 문서를 보내왔다.

우리의 옛 태사太師(족장) 잉게는 "우리 조상이 큰 나라 고려로부터 나왔으니 자손에 이르기까지 의리상 귀부歸附(스스로 복종함)하여야 한다"고 말한 적이 있습니다. 지금 태사 우야슈烏雅束도 또한 대방帶方(고려)을 부모의 나라로 여기고 있습니다.

그런데 갑신 연간에 궁한촌弓漢村 사람이 태사의 말을 따르지 않아 군사를 들어 응징했더니 고려에서는 우리가 국경을 침범한다고 여기고 출병하여 우리를 쳤사오나 다시 수호하기를 허락해주었습니다. 그러므로 우리는 고려를 믿고 조공을 끊지 않았는데도 고려에서는 지난해에 군사를 크게 일으켜 우리의 늙은이와 어린 것들을 죽이고 9성을 쌓고 (그곳에 살던 사람들이) 떠돌아다니게 하여 돌아갈 곳이 없게 만들었습니다.

그래서 태사(우야슈)가 저희를 시켜 이곳에 와서 옛 땅을 돌려받을 수 있게 요청하도록 하였습니다. 만일 고려에서 우리에게 9성을 돌려주어 생업에 안주할 수 있도록 해주시면 우리들은 하늘에 고하여 맹세의 예를 올리고 대대손손이 공손히 세공을 바칠 것이며, 감히 기와 한 조각이라도 고려의 땅에 던지지 않겠나이다.

명분이 없던 차에 잘된 일이라고 여긴 고려 조정은 9성을 완옌부 여진에게 넘기기로 결정했다. 이어 고려는 여진 족장들로부터 앞으로 계속 조공을 바칠 것을 다짐하는 충성 서약을 받았다. 완옌부 여진도 조공을 바치겠다는 약속을 지켜 바로 다음 달에 사신과 함께 토산물을 보냈다. 이때가 예종 4년 (1109년), 전쟁을 시작한 지 2년 만이었다.

그런데 이 여진이 6년 뒤에 금나라를 세웠다. 금나라의 첫 황제, 즉 태조가 앞에서 언급한 우야슈의 동생 아골타阿骨打였다.

청나라가 국가사업으로 편찬한 《만주원류고滿洲源流考》는 아골타가 국호를 금이라 정한 이유를 이렇게 설명하고 있다.

金太祖　完顔阿骨打

**금을 건국한 아골타의 동상 ❶** 여진 완옌부의 족장 출신이었던 그는 1115년 금金을 건국하여 황제가 되었으며, 1120년 북송과 동맹을 맺어 1122년 중경中京과 연경燕京을 점령하면서 요나라를 실질적으로 멸망시켰다.

전해오는 역사책에 의하면, 신라 왕은 김金씨 성으로 수십 대를 이었다. 금金의 선조는 의심의 여지없이 신라에서 왔으며 건국할 때 나라 이름도 여기에서 취한 것이다.

다시 말해 아골타의 선조가 신라에서 건너온 김씨이므로 금나라로 정했다는 것이다. 한편 금의 역사를 정리한 《금사金史》 권1 〈세기世紀〉에는 이렇게 기록되어 있다.

금의 시조는 함보函普다. 고려에서 왔는데 그때 나이가 이미 60세가량 되었다. …… 시조는 완옌부에 이르러 오래 살았는데 그 부족 사람

**금나라의 역사를 정리한《금사金史》** ❶
원나라의 탈탈脫脫 등이 1343년 편찬을 시작
하여 1344년 완성했다.

이 전에 다른 부족 사람을 죽였던 일로 두 부족 사이에 분쟁이 끊이지 않았다. (이에) 완옌부 사람이 시조에게 말하기를 "만일 완옌부 사람을 위해 이 원망을 풀어 두 부족으로 하여금 서로 죽고 죽이는 일이 없도록 해준다면 완옌부에 나이 육십에 시집을 가지 않은 어진 처녀가 있으니 마땅히 배필로 주어 완옌부 사람이 되게 할 것이오"라고 했다. 시조는 이 말을 받아들이고 스스로 나아가 (상대 부족을) 타이르기를 "한 사람을 죽인 것 때문에 싸움이 끝나지 않고 다치는 사람이 더욱 많아지고 있으니 분쟁을 일으킨 사람 한 명만 베어 죽이는 것으로 그치면 부족 내에서 물건으로 보상할 것이다. 너희는 싸우지 아니하고 이익을 얻는 것이 좋지 않은가?"라고 하였다. 저편에서 이 말을 따랐다. …… 함보는 푸른 소를 예물로 보내 그 처녀를 맞아들이고, 처녀의 재산까지 아울러 얻었다. 뒤에 두 아들을 낳으니 맏이가 우루烏魯요, 다음이 위루斡魯였다. 또 주세판注思板이라는 딸도 낳아 드디어 완옌부 사람이 되었다.

금나라 사람들 스스로가 자신들의 시조가 고려에서 왔다고 설명하고 있는 것이다. 우리의 역사책인《고려사》를 보자.

예전에 우리나라 평주平州(지금의 황해도 평산)의 승려 금준今俊이 달아나 여진족의 아지고촌阿之古村에 들어가 살았으니 그가 금의 조상이라는 말도 있고, 평주의 승려 김행金幸의 아들 극기克己가 여진족의 아지고촌에 들어가 여진 여자에게 장가들어 아들 구얼古乙 태사를 낳고 구얼이 휘러活羅 태사를 낳았다는 말도 있다.

휘러는 아들이 많았는데 큰아들은 헤리보劾里鉢요 막내아들은 잉게이다. 잉게가 가장 헌걸차서 민심을 얻었고, 잉게가 죽은 후 헤리보의 맏아들 우야슈가 뒤를 이었으며, 우야슈가 죽은 후에는 아우 아골타(금의 태조)가 섰다.

이뿐만 아니라 송의 역사책에도 금의 시조가 고려인이었다는 사실이 기록돼 있다. 당시 여진족은 물론 고려나 송 등 동아시아인들에게 금의 시조가 고려 출신이었다는 사실이 널리 알려져 있었던 것이다. 그런데 이들 기록은 모두 금의 시조가 고려에서 도망쳐서 여진 땅에 온 것으로 적고 있다. 이로 미뤄볼 때 신라와 고려 교체기에 김씨라는 성을 가진 신라계 사람이 여진족 마을로 넘어갔으며, 함보는 여진족 이름으로 추정된다.

함보의 아들들은 곧 완옌부에서 지도층으로 부상했다. 함보의 4세손 스루綏可 때에 이르러 완옌부가 여진 부족들 사이에서 두각을 나타내면서 스루의 아들 우구나이烏古乃가 여진의 연맹장으로 추대되었다. 이때가 1092년이었다. 우구나이의 아들 잉게는 본격적으로 세력을 확대해 남쪽 두만강 지역까지 내려왔다. 그러자 고려는 17만 대군을 출동시켰다.

사실 여진족은 고구려의 백성이었고 발해 왕조에서는 주민의 주축을 이루었다. 통일신라시대에는 정규군인 9서당에 여진인으로 구성된 부대가 있었다. 실제로 삼국시대에는 지금의 강원도 북부 지방까지 여진인들이 내려와 살았다. 그러니 함경도 지방은 더 말할 것도 없을 것이다. 앞으로 우리 역사에서 여진과의 관계에 대해 더 깊은 연구가 있었으면 한다.

# 11

# 고구려보다 더 넓었던 동북쪽 영토

 

 

고려가 여진을 정벌하고 세운 9성의 위치를 놓고 논란이 많은 이유는 바로 고려의 영역과 관계가 있기 때문이다. 그동안 일본 학자들은 9성이 모두 함흥평야에 있다고 주장했다. 국내 역사 교과서도 이 같은 내용을 바탕으로 서술해오다 최근에 이르러서야 9성이 위치했던 곳은 함흥평야와 두만강 유역이라는 2개의 설이 있다는 식으로 설명하고 있다.

여기서 쟁점이 되는 것이 바로 9성 가운데 가장 북쪽에 있었던 공험진公險鎭이다. 《고려사》에 보면 여진을 정벌하고 난 뒤인 예종 3년 (1108년) "여진과의 경계를 삼기 위해 공험진에 비를 세웠다"는 기록과 "고려의 동북은 선춘령先春嶺으로 경계를 삼았는데 공험진비를 선춘령에 세웠다. 선춘령은 백두산에서 동북으로 700리가 떨어져 있는 곳에 있다"는 기록이 나온다.

그러나 《세종실록지리지世宗實錄地理志》에는 "(두만강에 접한) 경원慶源의 북쪽 700리에 공험진이, 동북쪽 700리에 선춘현이 있다"고 기록되어 있다. 다시 말해 공험진과 선춘령은 같은 곳에 있었던 것이 아니라 두만강을 기점으로 공험진은 북쪽에, 선춘령은 이보다 동쪽에 따로 위치했다는 것이다. 그러면서 "선춘현은 윤관이 비를 세운 곳이다. 그 비의 4면에는 본래 글이 새겨져 있었으나 오랑캐들이 글자를 깎아버렸다. 뒷날 사람들이 비 밑을 파보았더니 고려지경高麗之境이란 4자가 있었다"고 적었다.

한편 조선시대 실학자 이익李瀷은 자신의 저서 《성호사설星湖僿說》에 "윤관의 비는 선춘령에 있으니 두만강 북쪽으로 700리가 되는 곳이다. …… 윤관이 6성을 설치하고 공험진을 개설하였는데 고령진高嶺鎭에서 두만강을 건너 소하강蘇下江 가에 이르면 옛 터전이 그대로 있으니 곧 선춘령의 동남쪽이요 백두산의 동북쪽이다. 그는 이만큼 국경을 멀리 개척해놓았는데, 지금 두만강으로 경계를 정한 것은 김종서金宗瑞로부터 비롯되었다"라고 적었다.

그런데 백두산에서 동북쪽으로 700리면 지금의 중국 연변조선족자치주의 주도州都인 연길延吉쯤이다. 대한제국 말기에 일제가 연변에 설치한 간도 임시 파출소에서 간도 지역의 유적을 조사하다 연길 서쪽에서 선춘령비로 추정되는 비를 발견했다는 기록도 있다.

이러한 여러 역사 기록으로 미뤄볼 때 공험진은 두만강 건너 지금의 연변 지역에 있었던 것이 확실해 보인다.

실제로 조선 세종 대에 명나라는 공험진 이남 지역을 조선의 경계로 인정했다. 《조선왕조실록朝鮮王朝實錄》 세종 15년(1433년) 3월 20일의 기록을 보면 다음과 같은 내용이 나온다.

(명나라의) 고황제高皇帝(영락제)가 조선의 지도를 보고 조서에서 명하기를 "공험진 이남은 조선의 경계"라고 하였으니 경들은 참고하여 아뢰라.

조선은 윤관의 공험진을 바탕으로 지도를 그렸고, 명나라는 이 지도를 보고 공험진 이남을 조선의 영토로 인정했던 것이다. 당대에 윤관의 여진 정벌은 실패였다는 비난을 받았지만 당시 흘린 고려인의 피가 조선의 영토 확정에 큰 도움을 준 것이다. 그리고 간도가 우리 영토임을 주장할 수 있는 중요한 근거를 제시하고 있다.

한편 고려는 9성을 여진족에게 돌려주면서 영유권까지 돌려준 것은 아니었다. 여진족으로부터 충성 맹세와 조공을 받고 여진족이 9성 지역에서 생활할 수 있도록 한 것뿐이지 영유권마저 포기한 것은 결코 아니었다. 직접 통치는 포기했지만 간접 통치는 계속했던 것이다. 때문에 훗날 이성계의 조상이 이 지역에 정착할 수 있었을 것이다.

그렇다면 고려가 영역을 최대한도로 넓혔던 시기는 언제였을까? 윤관이 여진을 정벌하고 9성을 쌓았던 예종 때였을까? 간접 통치한 지역까지 영역에 포함시키면 아마 문종 때였을 것이다. 1182년에 중국 송나라의 이도李燾가 펴낸《속자치통감장편續資治通鑑長編》에는 "문종 37년(1082년)에 송에서는 여진이 항상 등주에 와서 말을 팔았는데 뒤에 마행도馬行道가 고려에 속하게 되어 길이 막혀 (여진족이) 오래도록 오지 않았다"며 대책을 강구했다는 기록이 있다.

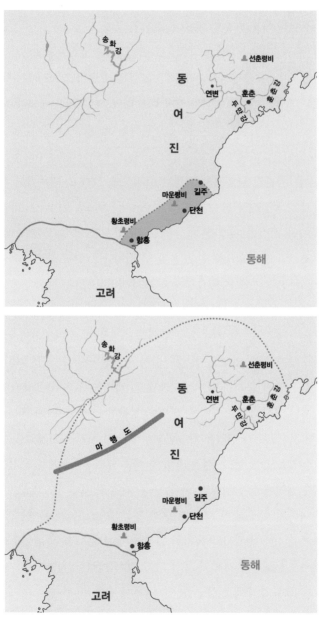

과거에 주장되었던 동북 9성의 위치를 표시한 지도(위)와 고려의 동북쪽 최대 영토를 추측한 지도(아래).

마행도는 압록강과 두만강 이북에 위치하고 있기 때문에 이곳을 막 았다는 것은 고려가 압록강이나 두만강 이북에 영향력을 행사하고 있 었다는 뜻이 된다.

이 시기에 고려의 세력은 동북면 전체(지금의 함경도와 두만강 유역은 물론 쑹화강松花江 일원까지 포함한 지역)로 퍼졌다. 두만강 넘어 여진 지역 은 비록 고려로부터 직접 통치는 받지 않았지만 고려에 공물을 바치 고 예속돼 평화를 유지했다. 중국식 영토 개념으로 본다면 이들 지역 도 고려에 속했다고 볼 수 있는 것이다.

이에 대해 《고려사》는 "서북쪽은 고구려의 경계에 미치지 못했지 만, 동북쪽은 고구려의 경계를 넘었다"고 기록하고 있다. 전성기 때 고려의 영역은 우리가 생각했던 것보다 훨씬 더 넓었던 것이다. 참고 로 고려인들은 자신들이 고구려의 후예라는 점을 강하게 의식하고 있 었다.

몇 년 전부터 중국은 고구려를 중국의 역사에 넣으려는 이른바 '동 북공정'을 시도하고 있는데 이는 역사적 사실을 무시한 오만한 사고 의 산물이다. 이렇게 단언할 수 있는 이유는 바로 고려가 고구려를 계 승한 나라이기 때문이다.

고려가 고구려를 승계한 나라라는 인식은 왕건 때부터 형성되었다. 북한 사회과학원 역사연구소 박영해 박사는 "고려 태조 왕건은 고구 려 유민의 후손"이라며 "그의 전설적인 먼 조상인 호경好景은 옛 고구 려 땅인 백두산으로부터 남쪽으로 내려와 송악산 기슭에 집터를 정한 고구려 유민"이라고 설명하고 있다.

서긍도 《고려도경》에 "왕씨(고려 왕)의 선조는 대개 고려의 대족大族"

이라고 기록했다. 왕건의 선대가 고구려인이었다는 것은 이처럼 여러 자료에서 확인할 수 있다.

또한 왕건이 세력을 키워나간 개경 인근은 본래 고구려 땅으로 고구려 유민 출신들이 살고 있던 지역이었다. 때문에 왕건은 스스로가 고구려 출신이라는 정체성을 가지고 있었고, 이에 따라 고구려 부흥을 건국이념으로 채택하였다.

왕건은 고려라는 국호를 사용한 것은 물론 고구려의 옛 수도인 평양을 중시하여 개척했다. 특히 태조 9년(926년) 발해가 거란에 의해 멸망하자 발해인들을 친척이나 같은 고구려의 후손으로 여겨 환영하고, 거란에 대해서는 적대 관계를 유지하면서 북진정책을 추진하였다.

이러한 고구려 승계 의식은 고려시대 내내 고려인들에게 전통으로 흘러내려왔다. 고려 후대의 충선왕이 한 다음의 말은 고구려와 고려의 북진정책에 대한 고려인들의 생각을 잘 보여준다.

우리 태조는 왕위에 오르자 아직 신라 왕이 항복하지 않고 견훤도 사로잡기 전이었지만 여러 차례 평양에 가고 친히 북방 변경을 돌아다니며 살폈다. 그 뜻은 동명왕東明王(고구려 시조)의 옛 땅을 집안에 대대로 전해져 내려오는 물건처럼 여겨 반드시 모두 거두어 차지하려 하였으니, 어찌 다만 계림을 취하고 압록강을 치는 것으로 그쳤겠는가?

# 12

## 강동 6주, 그리고 27년에 걸친 14번의 전쟁

고려에도 전성기는 쉽게 오지 않았다. 전성기를 맞이하기 전에 고려는 거란과 27년에 걸쳐 크고 작은 열네 차례의 전쟁을 치렀다. 국가의 운명을 건 전쟁이었다. 고려는 결단을 내렸고, 그리고 승리했다. 승리의 대가는 매우 컸다. 전쟁 후 고려의 국가적 위상은 높이 치솟았고, 평화와 함께 전성기가 찾아왔다.

고려의 대거란 전쟁은 지역 내 국가 간의 세력 다툼이 벌어졌을 때 생존을 위해서는 지도부가 어떻게 해야 하는지를 잘 보여주고 있다. 당시 고려를 이끌었던 지도부는 개방적인 사고로 실리 외교를 펼쳐나갔다.

10세기 말 고려는 중국 대륙의 송나라와 빠르게 세력을 넓혀가고 있는 유목 민족 국가 거란 사이에서 누구를 선택할지 갈등하고 있었다. 당나라가 멸망한 이후 5대10국의 혼란기를 넘어 중국 대륙을 통

**송나라 때 만들어진 연꽃 문양 청자 ◐** 송나라
는 군사력 면에서는 약했지만 문화적 저력은 강한 나
라였다.

일한 송은 중원에서 일어난 다른 어떤 통일 제국보다 약체였다. 그러나 문화적 힘은 여전히 막강했다. 반면에 새롭게 등장한 거란은 강한 군사력을 지니고 있었지만 가까이하기에는 너무 먼 야만족이었다. 더군다나 거란은 고려가 친척 국가라고 생각하고 있던 발해를 멸망시킨 나라였다.

고려가 고민하는 동안 두 국가는 각기 다른 방식으로 고려에 접근했다. 고려와 연합하여 커져가는 거란의 세력을 막는 데 사활을 걸고 있었던 송나라는 전에 없던 예우와 내부에서 반발이 일어날 정도의 물량공세를 통해 고려에 접근했다. 반면에 송과의 전쟁에서 배후의 안전을 위해 고려와 손을 잡으려 했던 거란은 무력시위와 협박을 통해 고려 조정에 선택을 강요했다.

고려는 두 나라의 속셈을 훤히 들여다보고 있었다. 그래서 일방적으로 어느 한쪽과 관계를 맺지 않고 국익 수호라는 원칙하에 등거리를 유지했다.

송나라 조정은 985년 고려에 사신을 보내 거란과의 싸움에 필요한 원병을 요청했다. 그러나 984년 여진을 정벌하고 발해의 후신인 정안국定安國을 쉽게 정복한 거란의 군사력을 의식하지 않을 수 없었던 고려는 송나라의 강력한 요청을 거절했다. 불필요하게 거란을 자극할 필요가 없다는 생각에서였다. 물론 이는 결코 쉽지 않은 결정이었다.

사실 고려는 이미 960년 송이 건국되자 962년에 사신을 보내고 이 듬해부터 송의 연호를 사용하기 시작했다. 이른바 사대 관계를 맺은 것이다. 사대 관계는 동북아시아의 전형적인 국제 질서 관계였다. 원병 요청을 거절함으로써 이러한 관계에 금이 갈 수도 있었다.

거란은 송나라와의 전쟁을 앞두고 993년에 먼저 고려를 침략했다. 송나라와 중원에서 일전을 치르기 전에 고려와 송의 관계를 단절시키고, 가능하면 고려를 복속시켜 송과의 전쟁에만 몰두할 수 있는 환경을 조성하고자 했던 것이다.

거란이 쳐들어오자 고려 내부에서는 화해해야 한다는 화친론和親論과 싸워야 한다는 주전론主戰論이 격돌했다. 이때 나선 것이 서희徐熙였다. 거란 상수 소손녕蕭遜寧을 만나 거란이 쳐들어온 목적이 고려와 송과의 관계를 차단하는 것에 있음을 확인한 서희는 역공을 취했다. 거란이 가장 필요로 하는 것을 내주고 고려에게 가장 필요한 것을 얻어 낸다는 것이 서희의 전략이었다.

서희는 소손녕이 내세운, 송과의 관계를 끊고 거란과의 관계를 정상화하자는 조건을 받아들였다. 그 대신 고려가 거란과 국교를 맺지 못하는 것은 두 나라 사이에 있는 여진족 때문이니 여진족을 몰아내고 고려의 옛 땅을 돌려주어야 한다고 주장했다. 소손녕 또한 서희의 주장을 받아들여 군대를 이끌고 되돌아갔다. 이로써 고려는 거란으로 가는 길목인 청천강과 압록강 사이 280리, 이른바 강동 6주를 손에 넣었다. 주전론과 화친론을 무의미하게 만든 그야말로 실리 외교의 전

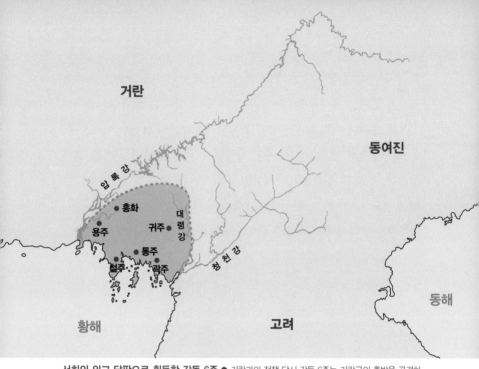

**서희의 외교 담판으로 획득한 강동 6주 ⊙** 거란과의 전쟁 당시 강동 6주는 거란군의 후방을 공격하여 전쟁의 승리를 이끌어내는 거점이 되었다.

형을 보여준 것이다.

　서희는 소손녕이 자신의 주장을 받아들이겠다는 공식적인 문서를 보내오자 곧바로 강동 6주의 여진족을 몰아내고 성을 쌓았다. 북방 민족이 쳐들어올 때를 대비해 주방어선을 만든 것이다.

　사실 고려가 이후 거란과의 계속된 전쟁에서 승리한 것은 강동 6주를 손에 넣었기 때문이라고 해도 과언이 아니다. 강동 6주는 군사 요충지 중의 요충지였다. 거란은 이 지역에 있는 성을 점령하지 못해 고전을 면치 못했고, 결국 포기하고 남쪽으로 진군했다가 돌아가는 길에 참패를 당하게 된다. 이처럼 대거란 전쟁을 승리로 이끌 수 있는 토대를 만든 것은 서희였다.

조선 전기의 문신 서거정徐居正 등이 세조의 명을 받아 신라 초부터 고려 말까지의 역사를 엮은 사서史書《동국통감東國通鑑》은 서희를 이렇게 평하고 있다.

우리나라 사람들은 송나라에 구준寇準과 부필富弼이 있는 것만 알고 고려에도 일찍이 서희 같은 인물이 있었다는 사실은 모른다.

구준과 부필이 거란의 침략으로부터 송나라를 구해낸 충신이라면 여기에 필적할 만한 인물로 고려에는 서희가 있다는 평이다. 실제로 서희는 높은 식견과 판단력을 갖춘 전략가였다. 서희는 주변 상황을 냉철하게 판단하여 이를 바탕으로 상대방의 의중을 철저히 파악한 뒤 협상을 통해 목표를 관철시킨다는 원칙을 철저히 지켰다. 성공적인 외교 협상의 전형을 보여준 것이다.

그런데 고려가 강화의 조건인 송과 단교하게 되는 과정이 흥미롭다. 먼저 고려는 송나라에 사신을 보내 거란이 쳐들어왔다는 사실을 알리고 원병을 요청한다. 그러나 송은 고려를 도울 수 있는 처지가 아니었다. 고려는 이 같은 사실을 알고 있었다. 즉 미리 결과를 알고 부탁을 한 것이다. 고려는 원병을 거부했다는 핑계로 송과 단교한다. 그 대가는 강동 6주 획득이라는 실리였다. 그러나 고려는 송과 비공식적인 교류는 계속했다. 이것이 바로 실리 외교이다.

그런데 실리 외교를 뒷받침하는 것은 역시 힘이다. 거란은 고려와의 화해로 후방에 대한 걱정을 덜게 되자 송나라에 강공을 펼쳤다. 결국 1004년에 양국은 '전연澶淵의 맹盟'을 맺었는데 그 핵심은 "송나라는 매년 거란에 은 10만 냥, 비단 20만 필 보낸다"는 것이었다. 송나라로써는 돈을 주고 평화를 산 것이나 마찬가지였다. 이로 인해 송나라는 경제적으로 큰 부담을 안게 되었다. 군사력이 뒷받침되지 않은 협상의 한계였다.

송과의 관계가 정리되자 거란의 관심은 다시 고려에 쏠렸다. 고려를 완전히 굴복시켜 고려가 딴생각을 못하게 하겠다는 것이 그들의 속셈이었다. 특히 거란이 뒤늦게 주목한 것이 바로 강동 6주였다. 고려도 거란이 강동 6주를 돌려달라고 할 것을 미리 예측하고 전연의 맹이 맺어지기 전에 비밀리에 송나라에 사신을 보내 거란을 견제해달라는 요청을 하기도 했다.

1010년 거란의 성종은 직접 40만의 병력을 이끌고 고려를 쳐들어왔다. 이때는 거란의 전성기로 그 영토가 서쪽으로는 중앙아시아의 톈산산맥에서 동쪽으로는 만주에 이르렀다. 거란이 쳐들어오자 고려 조정은 개성을 버리고 나주까지 피난을 갔다.

바로 이 전쟁에서 강동 6주의 가치가 드러났다. 거란군은 압록강을 넘어 파죽지세로 진군했지만 강동 6주의 하나인 흥화진興化鎭과 통주通州에서 고려군에게 밀려 고전했다. 결국 성을 함락시키지 못하고 남진을 계속해 개성을 점령한 거란군은 고려 왕이 거란에 직접 가서 항복하겠다는 약속을 받아내고 발길을 북으로 되돌렸다. 그러나 고려군은 이들을 내버려두지 않았다. 전력을 그대로 유지하고 있던 고려군은 강동 6주에서 거란군을 공격해 큰 타격을 입혔다. 거란군은 승리의 기쁨을 안고 돌아가는 것이 아니라 쫓겨서 압록강을 건너야 했다.

요나라의 정사인 《요사遼史》는 당시의 상황을 이렇게 기록하고 있다.

군사를 퇴각시키니 항복했던 (고려의) 여러 성이 다시 반기를 들었다. 귀주龜州 남쪽 준곡랑에 이르자 며칠 동안 연이어 큰 비가 내려 말과 낙타가 다 지쳤다. 비가 갠 뒤 갑옷과 병기를 많이 버리고서야 강을 건널 수 있었다.

거란과의 전쟁 당시 총사령부의 역할을 했던 강동 6주 중 안주安州의 지도.

참패의 원인이 비에 있다는 터무니없는 핑계를 대고 있는 것이다. 중국사에서는 황제가 참전한 전쟁에서 질 경우 이런 식으로 둘러대곤 한다.

거란과의 2차 전쟁을 수습하는 과정에서 왕이 거란에 들어가는 문제와 강동 6주를 돌려주는 문제가 불거졌다. 고려 지도부는 결단을 내렸다. 거부였다. 이는 곧 전쟁을 의미했다. 이후 거란은 계속 고려 국경을 공격하다 현종 9년(1018년)에 10만 병력을 동원해 쳐들어왔다. 거란군의 총사령관은 소배압蕭排押이었는데 이때 고려는 이미 전쟁 준비를 마친 상태였다.

고려는 강감찬姜邯贊과 강민첨姜民瞻을 보내 소배압의 거란군에 대적하게 했다. 이들은 강동 6주의 하나인 홍화진 삼교천三橋川에서 거란군과 싸워 승리했고, 자신감을 잃은 거란군은 강동 6주를 우회하여 개경을 공격하려 했다. 그러나 도중에 자주慈州(지금의 평남 자산)에서 다시 강민첨의 공격을 받아 많은 희생을 치렀다.

그 뒤에도 거란군은 계속 남진하여 결국 개경 근처까지 왔다가 승산이 없다는 판단을 내리고 군대를 돌렸다. 이때 강감찬은 되돌아가는 거란군을 귀주에서 공격하여 전멸에 가까운 손실을 입혔다. 거란의 10만 군사 가운데 겨우 수천 명만 살아 돌아갔다고 한다. 소배압조차 갑옷과 무기를 버리고 압록강을 건너야 했다. 거란 역사상 유례없는 참패였다. 이 전투가 바로 그 유명한 귀주대첩이다.

이후 거란은 고려를 넘보지 못했다. 고려의 강한 군사력은 동아시아에서 그 명성을 떨쳤다. 실리 외교와 강한 군사력, 그리고 지도부의 결단이 한반도에 최고의 전성기를 가져온 것이다.

# 13

## 조선의 번영을 이룬
## 고려 말의 세계화

     조선 건국 26년 만인 1418년 제4대 왕 세종이 즉위했다. 그리고 조선역사상 전무후무한 진성기가 시작되었다. 건국한 지불과 1세대 만에 전성기가 찾아온 것이다. 조선이 이렇게 전성기를 빨리 맞을 수 있었던 것은 그만큼 문화적 역량이 축적돼 있었기 때문이었다.

  원나라의 영향 하에 있던 고려 말, 고려인들은 몽골이 전하는 세계 문명을 그대로 전달받아 누릴 수 있었다. 조선을 세운 이들도 몽골 문화를 배우고 익힌 사람들이었다. 이들은 개방적인 세계 문명을 바탕으로 조선을 빨리 전성기로 끌어올릴 수 있었다. 즉 조선의 최전성기는 바로 고려 말의 개방된 문화에서 비롯된 것이었다.

  13~14세기에 몽골제국은 '팍스 몽골리카Pax Mongolica(몽골 지배하의 세계 평화)'라는 이름에 걸맞게 동유럽에서 고려에 이르는 유라시아 대

**마르코 폴로와 그가 쓴 《동방견문록》** ○ 마르코 폴로는 베네치아의 상인으로 동방 여행을 떠나 중국 각지를 여행하고 원나라에서 관직에 올라 17년을 살았으며 이때의 경험을 《동방견문록》에 담아냈다.

류에서 인류 역사상 전에 없는 규모의 인적, 물적 교류를 촉진시켰다. 또 특정한 이데올로기나 종교 등을 강요하지 않는 몽골의 지배 방식 덕분에 몽골제국 안에서는 여러 민족이 공존할 수 있게 되었다.

원 세조 쿠빌라이 대에 몽골제국의 수도인 대도大都(지금의 베이징)는 마르코 폴로Marco Polo가 《동방견문록Delle meravigliose cose del mondo》에 묘사해놓은 것처럼 세상 모든 나라의 사람과 진귀한 물건들이 모이는 곳이었다. 대도에서 시작된 길은 전 세계 어느 곳으로도 통했다. 몽골 제국의 군대가 지나간 곳마다 설치된 역참은 나라와 나라, 동양과 서양을 연결했다.

이러한 시대적 상황은 고려의 문화에도 큰 영향을 미쳤고, 고려인들이 개방적인 눈으로 '세계'를 볼 수 있게 해주었다. 고려는 알려진 것처럼 극심한 내정간섭을 받기도 했지만 몽골과의 교류를 통해 사회·문화적인 발전을 이룰 수 있었다.

특히 몽골의 공주들이 고려 왕실로 시집옴에 따라 양국 사이의 인적·물적 교류가 매우 활발하게 이루어졌다. 몽골의 공주가 시집을 올 때는 많은 일행이 뒤따라왔는데 공주의 시중을 드는 사속인私屬人인 겁령구怯怜口(집안 아이라는 뜻)들이 고려에 정착하는 경우가 많았고, 그들 중 일부는 관료가 되기도 했다.

이들 가운데는 무슬림도 상당수 있었다. 충렬왕비가 된 쿠빌라이의 딸 제국공주齊國公主의 시종으로 고려에 온 삼가三哥가 대표적이다. 삼가는 충렬왕으로부터 장순룡張舜龍이라는 이름을 하사받고 고려 여자와 결혼해 귀화하였다. 덕수德水 장씨張氏의 시조인 장순룡은 뛰어난 정치력으로 고려와 원 사이의 외교 관계 일을 잘 처리해 충렬왕의 신임을 얻었다. 그 공로로 종2품 첨의참리僉議參理에 올랐는데 그의 후손들은 고려는 물론 조선이 건국된 후에도 관료와 학자, 무인으로 활발한 활약을 펼쳤다.

또 다른 무슬림 민보閔甫 역시 충렬왕 때 고려에 귀하해 대장군을 제수받았다. 민보는

몽골제국 왕비의 초상.

**몽골의 공주로 고려에 시집온 노국공주와 공민왕의 모습 ●** 노국공주는 원나라 위왕魏王의 딸로 공민왕은 그녀를 매우 사랑하여 그녀가 난산 끝에 죽자 정사를 놓고 밤낮으로 진영眞影을 바라보며 울었다고 한다.

충렬왕의 사신으로 네 차례나 원나라에 다녀왔으며 충선왕 때는 평양부윤平壤府尹이 되었다.

몽골 공주들과 그 시종들은 고려에 와서도 특유의 생활 풍속을 버리지 못했다. 제국공주는 궁 안에 몽골식 천막 주거지를 마련하게 했고, 충숙왕비인 조국공주曹國公主도 산 밑에 천막을 짓고 그곳에 머무르기도 했다. 왕비들은 몽골식 복장을 하고, 몽골 여인들이 외출할 때 쓰는 모자 '고고'를 썼으며, 몽골 황실 가족들의 문화인 '보르차이'란 연회를 즐기기도 했다.

임금이 되기 전에 몽골에서 생활했던 충렬왕은 몽골식 변발을 하고 몽골 옷을 입고 고려로 돌아왔다. 그 모습을 처음 본 백성들은 매우 해괴하게 여겨 슬피 우는 사람들도 있었다고 하는데 점차 이를 따라 하는 벼슬아치들이 늘어났다.

특히 여자의 복식은 몽골의 영향을 많이 받았다. 저고리 길이가 짧아지면서 대가 없어진 대신 고름이 생긴 것이다. 신부가 뺨에 연지를 찍는 것이 대표적인 예다. 족두리, 도투락댕기, 은장도 등도 마찬가지다. 또한 당시 고려는 왕의 이름이나 관직명을 몽골식으로 짓기도 했다. 이

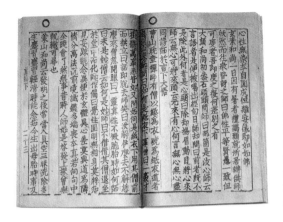

현존하는 최고最古 금속활자본인 《직지심체요절直指心體要節》 ● 우왕 3년(1377) 승려 경한景閑이 선禪의 요체를 깨닫는 데 필요한 내용을 뽑아 엮은 책으로 상하 2권으로 되어 있다. 프랑스 파리 국립도서관 소장.

처럼 몽골의 풍속이 고려에 전해져 유행한 것을 몽골풍이라 한다.

이 시기에 고려의 문화 역시 몽골에 전해졌다. 대표적인 것으로는 금속활자를 들 수 있다. 금속활자는 고려에서 발명되어 몽골로 흘러들어갔다가 이곳에서 이슬람 상인에 의해 서아시아나 유럽으로 보급되었을 가능성이 높다.

또한 수많은 고려인도 몽골제국의 영역 안으로 진출했다. 몽골과의 전쟁 기간 중에 몽골에 투항했거나 끌려간 사람들이 요동 지방에 집단적으로 거주하며 독자적인 생활권을 형성했는데 몽골은 이 지역에 안무고려군민총관부按撫高麗軍民總管府를 설치하거나 아예 왕을 임명하는 심왕瀋王 제도를 도입했다. 충선왕이 고려 왕과 심왕을 겸임했다.

고려의 지식인들도 대거 몽골로 향했다. 이곡李穀, 이색李穡, 빈우광賓宇光 등은 원나라 과거에 합격해 원의 관료로 일했으며 보우普愚, 천희千熙, 혜근惠勤 등의 승려들은 몽골에서 사원의 건립과 중수, 불경 편찬 등의 일을 맡아 했다.

하지만 몽골 사회에 가장 큰 영향을 미쳤던 것은 공녀貢女였다. 몽골의 요구로 충렬왕 1년(1274년)부터 시작된 공녀제는 공민왕 초까지 80여 년 간 계속되었는데 해마다 약 150명의 여인이 몽골로 보내졌다. 모두 1만 명이 몽골사회에 들어간 것이다.

공녀제는 수많은 고려 가정에 극심한 이별의 아픔을 안겨주었지만 그들 중 일부는 원나라 귀족 사회나 황실에 들어가 권세를 누리기도 했다. 공녀 출신인 김심金深의 딸 달마실리達麻實利는 원나라 인종의 사랑을 받아 비가 되었고, 죽은 후엔 황후로 추대되었다. 또 순제의 정비가 된 기황후奇皇后도 고려 공녀 출신이었다.

공녀제는 조혼 풍조를 확산시키는 등 고려의 전통 사회질서에 변화를 일으키는 한편 몽골 귀족 사회에는 고려양高麗樣, 즉 고려풍을 유행시키기도 했다. 원나라 말기에 궁중에서 일하는 여인 가운데 절반가량이 고려 여인이었고 몽골 귀족들 사이에서 고려 여인을 부인으로 맞는 것이 유행처럼 번지기도 했다고 한다. 이들을 통해 고려식 복식과 음식, 기물 등이 유행하게 되었다. 요즘 식으로 말하면 세계 제국 몽골의 심장부에 한류 바람이 분 것이다.

일부 고려 여인들은 중국 대륙을 넘어 인도, 중앙아시아로 시집을 가기도 했다. 충렬왕 24년(1298) 6월 마팔아국(馬八兒國, Mobar)의 왕자 패합리嘓哈里가 고려에 사신을 보내 은사모銀絲帽와 침향, 베(土布) 등을 바쳤다. 마팔아국은 인도 코로만델 해안에 있는 작은 나라로 면포의 산지로 유명하다. 이 마팔아국에서 고려에 선물을 보낸 것은 왕자비가 고려 사람인 채인규蔡仁揆의 딸이었기 때문이었다.

채인규의 딸은 충렬왕 때 원나라 승상 셍게桑哥에게 시집을 갔었는데 셍게가 실각하자 원 황제는 채씨를 다시 패합리에게 시집보냈다. 이에 패합리가 부인의 나라 고려에 결혼 선물을 보내왔던 것이다.

고려 말에는 풍속 등 문화뿐만 아니라 과학기술도 활발하게 들어왔다. 몽골로부터 전해져 후대에까지 큰 영향을 끼친 대표적인 것으로는 목면木棉과 화약, 역법, 과학 기기 등을 들 수 있다.

목면은 본래 인도가 발상지인데 중국에서는 몽골 지배 초기 강남 지역에서 재배하기 시작한 것이 차차 북방에까지 퍼지게 되었다. 그리고 이것이 문익점文益漸을 통해 고려로 들어오게 되었다. 이후 고려의 면화 재배는 급속한 발전을 이루었다. 조선 건국 후에도 발전은 계속되어 1396년에 조선은 면포를 여진에 수출하였고 1423년에는 일본에까지 수출했다. 면포는 교역 물품뿐만이 아니라 화폐의 구실을 대신하기도 하였다.

목면 못지않게 큰 영향을 끼친 것이 바로 화약 및 화기의 제조법이다. 1370년대까지 세계에서 화약을 만든 나라는 중국밖에 없었다. 따라서 중국은 화약 제조 기술을 국가 기밀로 여겨 외부 유출을 철저히 막았다. 하지만 최무선崔茂宣은 이원李元이라는 중국 상인으로부터 화약 제조법을 배워 화약을 만들 수 있게 되었다. 이는 당시 양국 사이에 인적 교류가 매우 활발했고 이를 통해 고려에 전해진 신문물이 적지 않았음을 보여준다. 이러한 양국 간의 교류는 조선 세종 대에 이르러 찬란한 문화 발전을 꽃피울 수 있게 한 밑거름이 됐다. 최무선 일가는 고려 말의 개방된 문화가 조선에 어떻게 연결되었는지 잘 보여주고 있다.

최무선은 우리나라 무기의 역사를 바꾼 과학자요 무인이었다. 그는 우리나라 화약의 아버지이자 포병의 아버지라고도 할 수 있다. 최무선이 화약 제조 기술을 손에 넣자 고려는 우왕 2년(1377년)에 화통도감을 설치해 화약을 대량으로 제작하기 시작했다. 이와 함께 화포를 장착한 전함을 건조해 왜구를 물리쳤다. 1380년 진포 (지금의 군산)대첩에 직접 참전한 최무선은 화포를 사용해 왜구의 선박 300척을 불태우는 전과를 올렸다.

**고려 말의 무인이자 무기 과학자 최무선의 영정 ○** 《화약수련법火藥修鍊法》, 《화포법火砲法》, 〈용화포섬적도用火砲殲賊圖〉 등을 저술했으나 전하지 않는다.

최무선은 조선 왕조가 들어선 뒤인 태조 5년(1395년)에 세상을 떠났다. 하지만 그의 아들 최해산崔海山이 있었다. 최해산은 아버지로부터 물려받은 화약 제조 기술을 바탕으로 태종 1년(1401년)에 특채돼 화약 무기 개발을 계속했다. 이러한 노력으로 조선 초기 화약 기술은 동아시아에서 최고 수준을 자랑했다.

또 임진왜란 때 이순신 함대가 23전 23승이라는 대기록을 세운 것도 기본적으로 뛰어난 화력, 즉 대포를 가지고 있었기에 가능했던 일이다. 당시 일본 전함들은 화포를 거의 가지고 있지 않았고 몇 개 안 되는 화포의 성능도 조선 화포보다 훨씬 떨어졌다. 때문에 이순신 함대는 멀리 떨어진 곳에서 함포 사격을 가해 일본 함대를 쉽게 파괴할 수 있었던 것이다.

고려 말에 몽골을 통해 들어온 이슬람 역법은 조선 세종 때 이순지李純之 등의 학자들이 세계 최고 수준의 역법서 《칠정산七政算》을 만드는 토대를 제공했다. 과학 기기의 경우에도 조선 초에 제작된 대소 간의簡儀, 혼천의渾天儀, 앙부일구仰釜日晷 등 각종 천문 기기들은 원나라에 들어온 이슬람 기기들에 한국적인 특성을 가미해 만든 것이다.

몽골제국이 활발하게 이끌었던 동서 문화 교류의 혜택이 조선 초에 나타나 조선의 과학기술을 세계 최고 수준으로 끌어올린 것이다.

참고로 막걸리와 함께 국민 술이라고 할 수 있는 소주도 이 시기에 들어왔다. 아랍에서 발명된 증류 방식의 술 제조법이 원을 통해 고려로 전래됐는데 이 증류주를 아랍어로는 아라그Arag라고 하고 몽골어로는 아라키亞剌吉라고 한다. 그래서 지금도 개성 지방에서는 소주를 아락주라고 부른다.

# 제 3 부

# 개방과 실험으로 최전성기를 이룬
# 15세기 조선

# 1

## 과학기술 강국 조선과
## 쇄국 체제의 아시아

인류 역사상 최고의 강대국이자 정복 국가였던 몽골제
국도 흥망성쇠라는 역사의 수레바퀴에서 벗어날 수 없었다. 대부분의
대제국이 그러했듯이 지도부의 내부 분열과 약화되어가는 통치력, 농
민 반란 등 멸망의 순서를 밟았다. 특히 황제 자리를 둘러싼 끊임없는
분란이 결정적으로 몽골제국의 수명을 단축시켰다.

몽골제국이 무너지면서 동아시아의 패권자로 새로 등장한 것이 주
원장朱元璋의 명나라였다.

주원장은 가난한 농민 출신으로 원나라 말기에 일어난 홍건적紅巾賊
곽자흥郭子興의 부하가 되면서 혁혁한 전공을 세워 세상에 이름을 알리
기 시작했다. 1355년 곽자흥이 죽자 반란군의 지도자가 된 주원장은 마
침내 원을 몽골 초원으로 몰아내고 1368년 한족漢族의 나라를 세웠다.

대륙에서의 일어난 왕조 교체의 태풍은 여지없이 한반도에도 밀어

닥쳤다. 몽골의 쇠퇴에 맞춰 고려에서도 공민왕이 친원 정책을 버리고 자주적인 개혁 정책을 시도했다. 그러나 이미 힘을 잃은 고려 조정으로서는 한계에 부딪힐 수밖에 없었다.

또한 고려는 왜구와 홍건적의 침입이라는 외부로부터의 공격에 시달리고 있었다. 이때 서서히 등장한 것이 성리학적 지식을 바탕으로 한 신흥 사대부들이었다. 그리고 외우내란外憂內亂을 겪으면서 신흥 무상 세력들도 부각되었다.

**명나라의 초대 황제**(재위 1368~1398) **주원장**
● 묘호는 태조太祖이고 홍무제洪武帝라고도 한다.

이들 신흥 무장 세력 가운데 가장 두각을 나타낸 인물이 바로 변방인 동북면 출신 이성계李成桂였다. 강력한 여진족 부대를 휘하에 두고 있었던 이성계는 기존의 귀족 세력과 이해관계가 없다는 이유 등으로 신흥 사대부들의 지지를 받을 수 있었다. 결국 이성계는 위화도에서 군대를 되돌려 권력을 잡고 1392년 조선을 세웠다.

동아시아 세계를 근본적으로 뒤흔든 명나라의 건국은 단순한 왕조의 변화가 아니었다. 그것은 10세기 이후 거란, 금나라, 원나라 등 이민족이 차지했던 중원의 패권이 다시 한족에게 넘어갔다는 것을 의미했다. 그와 동시에 '한족 민족주의'와 '쇄국 체제'가 등장했다. 동서양

**명나라 초기에 세워진 자금성의 북문 신무문神武門 ○** 명明의 건국으로 중원의 패권이 한족에게 넘어가면서 동양은 문을 닫는 쇄국 체제로 전환되었다.

을 넘나들며 세계적인 문화권을 형성했던 직전의 원나라와는 전혀 다른 형태의 국가가 출현한 것이었다.

　명나라는 동아시아 국제 체계를 자국을 중심으로 한 사대 체계로 바꾸고 무역 체계도 조공 체제로 바꾸었다. 이제 동아시아에서는 원나라 때와 같은 활발한 물적, 인적 교류는 기대할 수 없게 됐다. 개방이라는 거대한 역사의 흐름을 거스르는 반동反動이 일어난 것이다.

　그러나 이러한 분위기 속에서도 한반도에는 융성의 씨앗이 싹트고 있었다. 건국 이후 '왕자의 난' 등 왕위 계승을 둘러싸고 피비린내 나는 갈등이 벌어졌지만 15세기를 맞아 조선에는 역사상 가장 걸출한

**조선 제4대 왕 세종과 소헌왕후 심씨의 합장릉인 영릉英陵 ○** 경기도 여주시 능서면에 위치해 있다. 조선 왕릉 중 최초로 왕과 왕비를 합장한 능으로 무덤 배치는《국조오례의國朝五禮儀》를 따랐다.

임금이 등장했다. 그는 바로 동서양을 아울러 가장 지적이며 창의적이었던 임금, 세종이었다.

세종의 시대는 조선왕조 전체를 통틀어 모든 면에서 가장 융성했던 시기였다. 그의 시대는 성리학적인 교조주의에 물들지 않았던 실용주의의 시대였다. 당시의 과학 수준은 세계 최고였고 15세기 조선은 세계 과학기술의 중심지였다. 1983년 일본의 이토伊東, 야마다山田 교수 등이 편찬한《과학사기술사사전》에 따르면 1400년~1450년의 주요 과학기술 업적은 한국이 29건, 중국이 5건, 일본이 0건, 동아시아 외전 지역이 28건인 것으로 되어 있다. 당시 과학기술의 중심은 동아시아였고, 동아시아에서도 가장 압도적으로 발전된 곳이 조선이었던 셈이다.

15세기 조선의 선진화는 물적, 외형적 측면에 그친 것이 아니었다. 여자 노비에게 출산휴가를 주고 전 국민을 상대로 여론조사를 실시했던 열린 국가가 바로 조선이었다. 천민 출신인 장영실蔣英實의 경우에서 알 수 있듯 신분 이동도 동시대 다른 국가들보다 상대적으로 자유로웠다. 또 많은 이민족들이 조선에 들어와 별다른 차별을 받지 않고 삶의 터전을 닦아나갔다. 모두 개방적인 사회 구조 덕분이었다.

물론 조선이 이렇듯 개방적인 사회를 이루고 훌륭한 과학 문화를 갖게 된 데는 세종이라는 걸출한 인물이 지도자 역할을 잘해냈기 때문이다. 하지만 기본적으로는 고려 후기의 개방적인 사회 구조가 그 밑바탕을 이뤘다. 원나라 치하의 고려는 몽골제국의 국제 체제에 들어가 있어 그 문화적 혜택을 톡톡히 누릴 수 있었다. 그렇지 않아도 개방적이었던 고려인들은 더 큰 국제 사회와의 교류로 시각이 넓어졌고, 다양한 국제 문화를 접하고 받아들일 수 있었다. 이러한 개방의 여파는 그대로 조선 초로 연결돼 조선은 다른 어떤 왕조보다 일찍 전성기를 맞을 수 있었다.

그러나 거기까지였다. 세종 시대가 끝나고 점차 성리학을 기반으로 하는 사림의 영향력이 커지면서 조선 사회는 문을 닫기 시작했다. 명의 영향 아래에서 대외적으로는 더욱 폐쇄성이 강화됐고, 대내적으로도 유교적 사농공상士農工商의 계층관이 확립돼 사회적인 신분 이동이 예전처럼 자유롭게 이루어지지 못했다. 이에 따라 사회 분위기가 개방적, 발전적, 진취적 성향보다는 폐쇄적, 고식적, 보수적 성향으로 흘러 새로운 문화와 문물을 쉽게 받아들이지 못하게 되었다.

한편 몽골제국이 몰락하면서 서아시아에서는 투르크족의 이슬람 국가인 오스만투르크 제국이 건설됐다. 오스만제국의 등장으로 몽골제국이 활성화시켜놓았던 실크로드가 막히자 유럽인들은 바닷길을 이용하려는 생각을 하게 되었다. 이 시기에 유럽의 항해술이 발달하기

**동로마제국의 수도 콘스탄티노플을 점령하는 오스만제국의 메흐메트 2세 ●** 오스만제국의 등장은 동양과 교류하려는 서양이 문을 열고 나오는 결정적 계기가 되었다.

시작한 것도 그 때문이다. 오스만제국을 통하지 않고 직접 동양과 교류하려는 욕구로 인해 유럽인 입장에서 전혀 새로운 대륙들을 발견할 수 있었고, 이것이 결과적으로 이후 산업혁명을 일으키는 토대가 되었다. 그러면서 그동안 계속되어왔던 동양 문명의 절대적 우위가 서서히 하강 곡선을 그리기 시작했다. 동양이 문을 닫자 서양이 문을 열고 나왔기 때문이었다.

그러는 동안 동양의 외진 곳에 있는 조선은 더욱 굳게 문을 잠그고 세상 밖으로 나오려 하지 않았다. 조선이 이류 국가라고 비웃었던 이웃 일본이 과감히 문을 열고 서양 제국과 어깨를 나란히 하자 조선의

처지는 더욱 암울해졌다. 결국 조선은 전 세계 국가 가운데 유일하게 비유럽 국가의 식민지, 그것도 스스로 오랑캐라고 멸시하던 국가의 지배하에 들어갔다. 개방이 얼마나 중요한지 여실히 보여주는 결과이다.

# 2 조선의 관직과 녹봉을 받는 여진족 추장들

명나라의 쇄국정책으로 대외 관계가 막히기 전까지 한반도에는 외국인들이 비교적 자유롭게 드나들었고, 귀화하는 이들도 많았다. 우리 역사에서 외국인의 귀화는 고려 현종에서 예종 대에 걸쳐 약 100년 간 집중으로 이루어졌다.

고려가 몰락하고 조선이 건국된 초기에는 주로 여진족과 왜인들이 귀화했다. 태조는 여진족을 귀화시키기 위해 만호萬戶와 천호千戶 등의 관직을 주고, 조선인과의 혼인을 허용하였으며, 그들의 풍속을 인정하고 조선에 동화시키는 정책을 썼다.

태조는 위구르인과 왜인들도 후하게 대우했다. 태조 5년 11월 23일에는 고려 말에 귀화한 위구르인 설장수薛長壽에게 계림鷄林(지금의 경주)을 관향貫鄕으로 삼게 해주었고, 태조 7년 5월 25일에는 대마도에서 온 왜인 9명을 주현州縣에 나누어 거처하게 하고 옷과 먹을 것을 내리

**위구르 석굴 ○** 위구르는 몽골 고원과 중앙아시아 일대에서 활약한 투르크계 민족이다. 간쑤甘肅, 둔황敦煌, 투르판吐魯番 등지에 위구르 왕국을 세워 동서 문화를 융합한 수준 높은 문화를 형성하였다. 사진은 위구르 베제클릭 석굴 벽화의 모습.

기도 했다.

명나라는 조선 초기의 여진족 귀화 정책을 미심쩍은 눈으로 바라보고 견제하였다. 특히 태조 이성계가 요동에 관심이 있다는 의심을 하고 조선과 여진이 교류하는 것을 막았을 뿐만 아니라 직접 여진족을 회유하기도 하였다. 그러나 이러한 어려움에도 불구하고 조선은 큰 틀에서 여진족 귀화 정책을 계속 유지했다.

세종은 여진족의 귀화를 역대 어느 왕보다 더 크게 장려하고 지원했다. 세종 15년(1433년) 김종서가 임금의 명을 받아 여진족의 침입을 물리치고 동북방 방면에 6진을 설치한 직후에 귀화인이 급증하였다.

세종은 함길도 도관찰사와 도절제사에게 다음과 같은 지시를 내렸다.

(조선에) 들어와 귀화한 야인으로 본국 내지에 살기를 원하는 자를, 서울에 보고하여 답을 기다려 일을 처리하려면, 왔다 갔다 하는 날짜가 오래 걸려서 혹 농사짓는 때를 잃게 될 것이다. 그러니 이후로는 내지에 살기를 원하는 자가 있거든 경 등이 적당하게 생각하여 조치하되, 길주吉州 이남에 기름진 토지와 완전하게 갖추어진 집을 골라 들어가 살게 하고, 곧 식구를 헤아려 의복·양식·소금·간장을 주, 첫해 농사에는

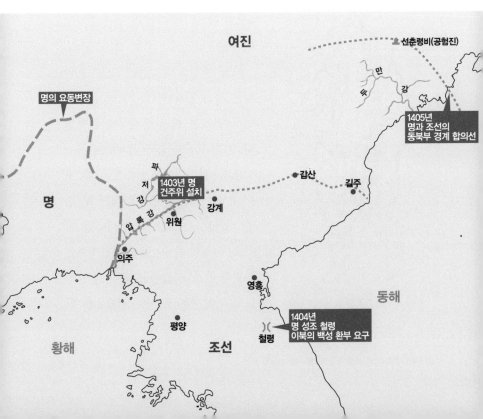

관官에서 사람과 소를 주어 도와주게 하여서 그들로 하여금 생업에 편
안하게 하라.

-《세종실록》권99, 세종 25년 2월 13일자

그와 동시에 세종은 여진족을 회유하는 정책도 함께 썼다. 이른바
기미정책羈縻政策을 펼친 것이다. 기미란 말의 굴레와 소의 고삐를 가리
키는 말로 견제하면서 통제하는 것을 뜻한다. 세종은 입조한 여진족
추장들에게 관직을 내리고 녹봉을 지급했다. 또 그 자제들에게는 무
관직을 주어 서울에 머물게 했는데 이들을 야인시위野人侍衛라 한다. 일
종의 인질로 잡아둔 것이다. 당시 서울에 온 여진인들이 머물렀던 야
인관은 세종 20년(1438)에 북평관北平
館으로 이름이 바뀌었고, 조선 중기에
없어졌다.

이들 여진족 추장들은 정월 초에
일본 사신 등과 함께 경복궁 근정전
에서 열리는 신년 하례식에 참석했
다. 이는 조선이 중국 황제에게 하는
사대의 예를 여진에게 하도록 한 것
이다. 여진인들은 조공을 바친 데 대
한 대가로 왕으로부터 하사품을 받
았고, 숙소인 북평관에서 합법적으로
무역을 할 수 있었다. 그러나 그 양이
너무 적어 필요로 하는 생필품을 살

중국 사서에 기록된 여진족의 모습.

수 없었기 때문에 국경 지대에 무역소를 설치해줬다.

이러한 세종의 정책은 6진 개척과 밀접한 관련이 있었다. 여진인들을 귀화시킴으로써 새로 확보한 지역을 안정시키고, 인재를 얻을 수 있었기 때문이었다. 여진족 역시 조선에서 경제적으로 안정을 누리면서 사는 것을 선호하였다.

경제적인 이유로 귀화하는 여진인의 수가 급격히 늘어나자 폐단도 생겼다. 형사취수兄死娶嫂(형이 죽으면 형수를 아내로 받아들이는 것) 등 받아들이기 어려운 풍습으로 인한 충돌이 일어났으며, 이들의 범죄가 증가한 것이다. 그래도 세종은 재위 기간 동안 귀화한 여진인들의 생계를 최대한 보장하였다.

그러나 16세기에 이르러 성리학자들 사이에 화이관념華夷觀念(중화中華 이외의 것은 오랑캐[夷]라 하여 천하게 여기고 배척하는 관념)이 팽배해지면서 귀화를 제한하고 귀화인들을 엄격하게 관리하자는 주장이 제기되었다. 사림이 본격적으로 등장한 중종 때의 기록을 보자.

성희안成希顔은 의논드리기를 "……더구나 온 왜인의 수가 37인에 이릅니다. 만약 저들이 향읍鄕邑에 섞여 살면서 영원히 우리 백성이 되는 것을 허락한다면 의지해 살아갈 기구를 갖추어주지 않을 수 없으며, 이 땅의 부녀자로써 아내를 삼게 해야 할 것이고, 세월이 오래되면 자식들이 반드시 많아질 것이니 이족의 무리가 불어나 퍼지는 것은 진실로 작은 일이 아닙니다……" 하니 임금이 희안의 의견을 따랐다.

-《중종실록》권12, 중종 5년 10월 17일자

또 선조 40년 비변사는 "잡종을 국내에 많이 모아두었다가 이들이 점점 번성하게 되면 반드시 후회하게 될 것"이라고 경고했다. 이제 조선 전기의 개방성을 더 이상 찾아볼 수 없게 됐다. 이와 함께 조선은 쇠퇴기에 접어들었다.

# 3

## 회회 사문, 유구국, 베트남…
## 귀화한 외래 성씨들

고려시대에는 원과의 교류가 활발하게 이루어졌고, 그로 인해 많은 무슬림(이슬람교도)들이 고려에 와서 살았다. 왕조가 바뀐 후에도 이들은 여전히 조선 땅에 살면서, 또 일부는 새로 귀화해와서 별 다른 제재를 받지 않고 상업 활동과 왕실과의 거래를 계속했다. 세종 초기의 기록을 보자.

오도리吾都里 지휘指揮, 백안첩목아伯顔帖木兒(바얀티무르)와 아하오랑합
阿河吾郞洽 천호千戶 도로都老 등이 와서 토산물을 바치므로, 명하여 서랑西
廊에서 음식을 대접하게 하였다.
-《세종실록》권7, 세종 2년 1월 10일자

특히 위의 기록에 나오는 도로都老라는 인물이 흥미롭다. 그는 태종

때 처음 조선에 들어온 듯하다.

> 회회回回 사문沙門 도로가 처자식을 데리고 와서 머물러 살기를 원하니
> 임금이 명하여 집을 주어 살게 하였다.
>
> -《태종실록》권13, 태종 7년 1월 17일자

도로는 수정을 채취해 여러 물건을 만들어 바쳐 왕의 신임을 받았
고 왕은 그에게 전국의 수정을 캘 수 있도록 허용했다. 무슬림 도로는
《조선왕조실록》에 항상 회회 사문으로 기록되어 있는데 사문은 일반
적으로 성직자 계층을 가리키는 용어이다. 즉 도로는 당시 조선에 있
었던 무슬림 공동체에서 종교 지도자의 위치를 점하고 있었을 것으로
보인다. 그렇다면 조선 초에도 무슬림들이 비교적 조직적인 집단을
유지하고 있었을 가능성이 있다.

무슬림들은 자신들의 전통 의식 보존에 대해 묵시적인 동의를 받아
토착 문화와 별다른 갈등 없이 15세기 초 조선에서 살았던 것으로 보
인다. 이들은 궁중 의례에까지 정기적으로 초청받아 참석했다.

> 다음으로 승려 및 회회인들이 뜰에 들어와 송축頌祝하고 끝나면, 판통
> 례判通禮가 꿇어 엎드려 예를 마쳤다고 아뢴다. 통찬通贊이 예를 마침을
> 창하면, 전하가 좌에서 내려오고 풍악이 울린다.
>
> -《세종실록》권1, 세종 즉위년 9월 27일자

당시 승려들과 함께 궁중 연회에 참석한 무슬림들은 그들 고유의

의식으로 축하를 했을 것으로 보인다. 즉 코란을 낭송하며 왕의 만수무강과 국가의 안녕을 빌었을 것이다. 조선 초기는 궁중에서 코란이 읽어지던 시대였다.

고려시대 무슬림들은 수준 높은 문화와 기술

**11세기 북아프리카에서 읽혀지던 코란 ◐** 무슬림들이 세계 각지로 향하면서 코란도 함께 전파되었고 15세기 조선의 궁중에서도 코란이 읽어졌다.

을 보유하고 있어서 원은 물론 고려에서도 필요로 하는 존재들이었다. 이들은 개성 인근에서 자신들의 전통문화와 종교를 지키면서 집단을 이루고 있었는데 조선 초에도 마찬가지였을 것이다. 다시 말해 이때만 해도 무슬림들은 고려시대의 개방적, 국제적인 분위기를 이어받은 조선의 포용 정책에 힘입어 조선인들과 마찰을 빚지 않는 범위 내에서 공동체 생활을 영위할 수 있었다. 그러나 조선 조정은 점차 무슬림들에게 동화 정책을 쓰기 시작한다.

예조에서 아뢰기를 "회회교도는 의관衣冠이 보통과 달라서, 사람들이 모두 우리 백성이 아니라 하여 더불어 혼인하기를 부끄러워합니다. 이미 우리나라 사람이 되었으니 마땅히 우리나라 의관을 좇아 별다르게 하지 않는다면 자연히 혼인하게 될 것입니다. 또 대조회大朝會 때 회회도들이 기도祈禱하는 의식도 폐지함이 마땅합니다" 하니, 모두 그대로 따랐다.

－《세종실록》 권36, 세종 9년 4월 4일자

이후 무슬림들은 조선의 역사 기록에서 사라진다. 아마도 이들은 조선에 동화되어 조선인으로 살아갔을 것이다. 지금 우리들 가운데는 바로 이들의 피를 물려받은 후손들이 있다.

세종 대에는 일본의 막부幕府와 호족이 보낸 사신과 상인 집단이 대거 조선으로 들어왔다. 일본인들은 서울에 오면 왜관倭館(동평관東平館)에 머물렀다. 그들은 여진족과 마찬가지로 정월 초하루 의식에 참석했는데 조선 국왕을 '황제' 또는 '폐하'라 부르고 자신들은 '신'이라고 칭했다. 조선을 대국으로 받드는 외교문서도 가지고 왔다.

이들 막부나 호족이 보내는 사신이 매년 1,000여 명이 넘자 조선 정부는 이들을 접대하는 데 부담을 느끼기 시작해 중기에 이르러서는 통제하기 시작했다. 경제적인 손실이 너무 컸던 것이다. 사실 조선은

**일본 사신을 맞는 동래의 모습을 그린 〈동래부사접왜사도東萊府使接倭使圖〉(부분)** ● 초량 객사에서 일본 사신이 조선 임금의 전패殿牌에 예를 올리는 숙배肅拜 장면이다. 국립중앙박물관 소장.

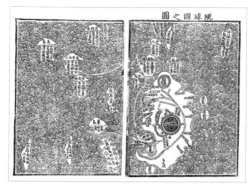

겉으로는 일본 막부와 대등한 교린 관계를 유지했지만 속으로는 기미의 대상으로 보았다. 특히 세종은 막부는 물론 유력한 다이묘大名(지방영주)들과 동시에 통교를 맺는 다원 정책을 썼다. 한마디로 여러 세력들에 대해 기미정책을 쓴 것이다.

조선이 여진이나 일본처럼 대우한 또 다른 나라가 있다. 바로 유구국琉球國(오키나와 제도에 있던 나라)이다. 《조선왕조실록》에는 유구국에 대한 기사가 437건이나 기록되어 있다. 우리가 생각한 것보다 훨씬 긴밀한 관계를 맺고 있었던 것이다. 유구인들은 계속 사신을 보내 조공을 하고 발달된 조선의 문물을 배워가려 했다. 그리고 표류한 조선인들을 잘 대우하고 돌려보냈다.

유구국은 1879년 일본에 귀속되기 전까지는 독립국이었는데 유구는 한반도와는 선사시대부터 꾸준한 교류가 있었다. 오키나와에서는 한반도 빗살무늬토기의 영향을 받은 것으로 보이는 소바다식會畑式 토기와 한반도 청동기시대의 석관묘가 발견된다. 또 오키나와 각지에서 상감청자가 출토되고 고려 광종 대에 만들어진 동종銅鍾과 '계유년고려와장조癸酉年高麗瓦匠造'라는 글이 새겨진 기왓장 등이 발견된 것을 보면 한반도와 깊은 관계가 있었음을 알 수 있다.

조선 세종 때는 유구국에서 조선 기술자를 초빙하여 병선을 짓게 했다. 배 만드는 기술을 배우는 한편 양국의 기술을 비교하기 위해서였다. 또 허균許筠의 소설에 나오는 홍길동이 이상향으로 선택한 율도국이 바로 유구국이라는 이야기도 있다.

그런데 조선 태조 3년(1394년)에 유구국의 왕이 조선에 망명하는 사건이 발생했다. 유구국 산남왕山南王 온사도溫沙道가 내전에서 패해 휘하 15명을 이끌고 조선으로 온 것이다. 유구국에서는 사신을 보내 산남왕의 송환을 요청했지만 태조는 응하지 않고 온사도를 후하게 대접했다. 조회에 두 차례나 참석시킬 정도였다. 온사도는 그러나 조선에 온 뒤 4년밖에 살지 못하고 태조 7년(1398년)에 사망했다.

조선으로 건너온 후 진양晉陽(지금의 진주)에서 살았던 온사도는 비록 자손을 남기지 못하고 죽었지만 그의 부하 15명의 자손들은 지금도 이 땅 어디에선가 살고 있을 것이다.

온사도에 앞서 남쪽 나라에서 온 왕족 망명객이 또 있었다. 고려 고종 13년(1226년)에는 베트남의 첫 독립국가인 리왕조(1009년~1226년)의 9대 왕인 혜종의 숙부이자 군 총사령관이었던 이용상李龍祥이 한반도로 망명 왔다. 이용상은 반란군에 의해 왕족이 몰살당하는 와중에 3,600킬로미터를 항해해 서해안 옹진반도의 화산에 도착했다. 때마침 몽골군이 이곳을 침입해오자 이용상은 주민들과 함께 힘을 모아 침략군을 물리쳤다. 이 같은 사실이 알려지자 고려 고종은 이용상에게 화

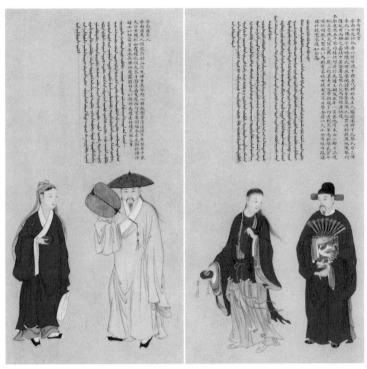

《황청직공도皇淸織貢圖》에 수록된 안남(安南, 베트남)인의 모습 ◑ 9대 217년간 존속한 리왕조는
베트남 사상 최초의 장기 왕조였다.

산을 본관으로 하는 이씨 성을 하사했다. 이후 이용상의 장남 간幹이
예문관 대제학을 지내는 등 화산 이씨 집안에서는 걸출한 인물들이
많이 나왔다. 지난 1995년 화산 이씨 종친회에서 베트남을 찾았을 때
베트남에서는 리왕조의 유일한 왕족의 후손이 왔다며 대통령을 비롯
한 3부 요인이 환대하는 등 예우를 깍듯이 하기도 했다.

과거 우리 역사에서 귀화를 막는 일은 별로 없었던 것 같다. 그래서

인지 우리나라 성씨 280여 개 가운데 절반에 가까운 130여 개가 귀화 성씨이다. 필자도 물론 귀화인의 후손이다.

# 4  신기전, 명나라를 능가했던 화포 제조 기술

조선군의 화포 제조 기술은 고려 말에 수입한 화약 제조 기술을 독자적으로 연구하여 개발한 결과 명나라 이상으로 발전하였고, 임진왜란 당시 일본과의 해전에서 그 위력을 십분 발휘했다.

그러나 조선 태조 대에는 화약 제조 기술이 발전하지 못하고 주춤했다. 아직 통치 기반이 확립되지 않은 상태에서 자칫 화기 제조 기술이 반대파의 손에 들어갈 경우 정권이 뒤집힐 수도 있다는 것을 우려했기 때문이었다.

형 정종의 뒤를 이어 왕위에 오른 태종은 아버지 태조와는 달리 화기 기술에 큰 관심을 보였다. 그는 즉위하자마자 최무선의 아들 최해산을 군기시軍器寺(병기 제조 등을 맡아하던 관청)의 주부主簿로 등용해 화기 연구 개발에 박차를 가했다. 태종이 이렇게 적극적으로 나섰던 데는 조선 초에 다시 분란을 일으키기 시작한 왜구와 북방 여진족을 정벌하려는 의도가 있었다.

태종은 즉위 4년째인 1404년에 군기시에 별군을 편성하고 화통군火筒軍을 늘리는 등 포병 부대를 정비하였다. 태종 7년경에는 화약의 성능을 높이려는 연구도 결실을 맺어 화약의 성능은 이전보다 2배 이상 좋아졌다. 최해산은 태종 9년(1409년)에 화차火車를 개발하였는데, 이는 작은 수레에 철령전鐵翎箭(쇠로 된 화살) 수십 개를 넣은 구리 통을 싣고 달리면서 화약을 사용하여 발사하는 일종의 장갑차였다.

고려 말에 최무선이 등장하기 전까지 화기는 불화살이 거의 전부였지만 조선 태종 대에 이르러 육상 전투에서 탄환을 쏘아 성을 공격하는 공성용攻城用 무기가 개발됐다. 돌로 된 탄환의 사정거리는 150보에 달하였다. 이 공성용 대포는 완구碗口라 불렸는데, 그 후 진천뢰震天雷 같은 포탄이 개발되어 화기의 성능은 갈수록 좋아졌다.

태종의 적극적인 노력으로 태종 15년(1415년)에는 화통군의 수가 1만여 명으로 늘어났다. 17년에는 화통의 수가 1만 3,500개에 달했고, 화약 보유량도 조선 초에 6근에 불과하던 것이 6,980여 근이나 되었다. 대포의 사정거리도 200보~500보로 늘어났다.

태종 대에 화약 및 화기 제조 기술 개발이 원활하게 이루어지면서 세종 대에는 중국보다 더 높은 수준에 도달했다. 그 때문에 세종 11년 이후에는 오히려 명나라에서 조선

**이장손李長孫이 발명한 비격진천뢰飛擊震天雷 ◑** 내부에 화약과 빙철憑鐵 등을 장전하게 되어 있다.

의 화기를 수입하려 했다. 태종 대부터 명나라 사신이 조선에 오면 불
꽃놀이를 관람하는 것이 관례였는데, 사신들은 조선의 화약이 뛰어난
성능을 지녔다며 매번 감탄했다고 한다. 세종 대에 들어서서는 중국
기술에서 벗어나 독자적인 기술을 개발해 돌이 아닌 쇠로 만든 포탄
을 만들어냈고 새로운 화기 체계를 도입했다.

세종 30년(1448년)에는 조선의 화기 기술을 집대성한《총통등록銃筒
謄錄》이 간행되었다. 이는 조선의 기술이 중국의 것을 모방하는 단계에
서 벗어나 독자적인 발전을 이루어냈음을 상징적으로 보여주는 사건
이었다. 아쉽게도 현재 전해지지 않아 구체적인 내용을 확인할 수는
없지만 성종 5년(1474년)에 편찬된《국조오례서례國朝五禮序例》〈병기도
설兵器圖說〉에 내용의 일부가 남아 있어 그나마 다행이다.

화기 기술을 개발하려는 세종의 의지는 매우 강력했다. 그는 화기

**천자총통天字銃筒 복원 모형물** ● 포구에 장전한
포탄에 화승火繩으로 인화하여 발사하는 방식으로 임
진왜란 때 이순신이 거북선 등 전선에 배치하여 왜선
에 큰 타격을 주었다.

개발에 왕족을 참여시켰고, 기술자들에게는 경제적인 지원을 아끼지 않았다. 현대로 말하자면 국방 과학 연구 개발 R&D에 많은 투자를 한 셈이다. 이러한 노력 덕분에 기술은 나날이 향상되었다.

조선의 화기 기술이 얼마나 정밀했는지는 《문종실록》에 나오는 다음의 기록을 보면 충분히 짐작할 수 있을 것이다. 당시 화약 병기 설계에 사용된 척도는 리釐 단위로, 이는 0.3밀리미터에 해당한다.

문종 즉위년 10월 5일, 병조에서 군기감軍器監의 보고에 의거하여 아뢰기를 "이보다 앞서 각색各色 총통銃筒에 실 구멍의 지름이 7리釐였는데, 방사放射할 때 실의 불이 갑자기 꺼지므로, 지금 1리를 더하여 쏴서 시험하였더니, 불이 꺼지지 않았습니다. 그러나 화살의 멀고 가까움과 맞히는 물건의 깊고 얕음에 따른 가감加減이 또한 없습니다. 청컨대 이제부터 완구·철신포鐵信鉋·장군화포將軍火鉋·세총통細銃筒 등의 실 구멍도 아울러 《등록謄錄》《총통등록》에 기재된 바를 따르고, 그 나머지 각색 총통의 실 구멍도 모두 1리를 더하여 8리로 정하소서" 하니 그대로 따랐다.

또한 화약 및 화기 제조, 사용에 대한 세종 대의 기록은 화기 사용이 상당히 보편적으로 이루어졌음을 알 수 있게 해준다. 화약의 원료인 염초焰硝 소비는 급격히 늘어나 세종 5년(1423년)에는 연간 8,000근(중앙 5,000근, 지방 3,000근)을 소비했다. 화기 제작도 늘어나 세종 7년(1425년)에 전라도에서만 3,000여 개의 철탄자鐵彈子(쇠로 만든 포탄)를 제작했고, 세종 17년(1435년)에는 평안도와 함길도 등 국경에서 1,650문의 화포를 직접 만들었다고 한다.

이처럼 화기의 사용이 보편화된 것은 4군 6진의 개척 등으로 군사 작전이 많아졌기 때문이다. 당시 야인(압록강과 두만강 유역에 거주하던 여진족)들은 화포를 가장 두려워해서 새로 발명되거나 개량된 화기는 야인을 물리치는 데 결정적인 역할을 했다.

세종은 화포방사군을 전국의 주·군현에 배치했고, 병사들을 맡은 임무에 따라 화포 준비병과 발사병으로 구분하였으며, 방향각을 조절할 수 있는 병사를 따로 두는 등 화기를 다루는 부대를 양적, 질적으로 성장시켰다.

지난 2008년 9월에 개봉한 한국 영화 〈신기전〉은 우리나라 최초의 다연발 로켓포인 신기전神機箭 제작에 얽힌 이야기를 팩션 형식으로 풀어낸 사극이다. 영화는 마지막에 압록강변에서 조선을 압박하던 명나라 10만 대군이 신기전의 위력에 놀라 물러나는 장면을 보여준다.

앞서 말한 것처럼 세종 대에는 화기 제조 기술이 명나라보다 우월했다는 것을 고려한다면 충분히 있을 수도 있는 이야기다.

우연히도 비슷한 시기인 2008년 4월 국방과학연구소에서 《병장도설兵將圖說》의 기록을 바탕으로 대신기전大神機箭을 복원했다는 보도가 있었다. 또한 2009년 11월에는 한국항공우주연구원에서 세계 최초의 2단 로켓인 산화신기전散火神機箭을 복원, 발사 실험에 성공했다. 신기전은 세종 30년(1448년)부터 역사에 등장하는데 《국조오례서례》 〈병기도설〉에 대신기전, 산화신기전, 중신기전, 소신기전 등 네 종류가 소개되어 있다.

15세기에 개발된 대신기전은 서양의 로켓보다 350여 년 앞서 만들어진 것으로 현대의 로켓 무기와 흡사하다. 비슷한 형태의 서양 로켓

**소신기전 복원 모형물 ○** 소신기전은 신기전 가운데 가장 작은 형태로 사정거리는 100미터 가량으로 추정된다.

으로는 1805년 영국에서 개발된 6파운더(6-Pounder)가 있다.

신기전은 압록강을 사이에 두고 마주보고 있는 적을 공격할 수 있을 정도의 사거리를 가지고 있었던 것으로 추정된다. 압록강의 폭을 고려하면 약 2킬로미터를 날아갈 수 있었던 셈이다.

한국 최초의 로켓은 고려 말 최무선이 화통도감을 설치할 당시에 제조했던 것으로 보이는 주화走火다. 주화는 조선 초기에 여러 종류로 발전되다가 세종 대부터 체계적으로 연구, 개발되어 대·중·소 세 종류로 나뉘어 제작되기 시작했다.

《총통등록》이 전해지지 않기 때문에 자세한 내용은 알 수 없지만,

《화포식언해火砲式諺解》에서 주화의 약통과 신기전 약통은 서로 같다고 한 것으로 미루어 주화는 신기전보다 앞서 개발된 한국의 첫 로켓형 화기이며, 《총통등록》이 간행된 시기를 전후로 주화에서 신기전으로 이름이 바뀌었을 것으로 추정된다.

세종 29년(1447년)에 함경도와 평안도에서 많은 수의 주화가 사용되었다는 기록이 있는 것으로 보아 여진족과의 전투에 주화가 빈번하게 사용되었음을 알 수 있다. 《세종실록》은 휴대용 주화의 위력에 대해 다음과 같이 기록하고 있다.

주화의 이익은 크다. 말 위에서 쓰기가 편리하여 다른 화포가 미치지 못한다. 말을 탄 사람이 허리 사이나 혹은 화살 통에 꽂아서 말을 달리며 쏘면 맞는 자가 반드시 죽을 뿐만 아니라, 그 형상을 보거나 소리를 듣는 자들은 모두 두려워서 항복한다. 밤 싸움에 사용하면 광채가 하늘에 비쳐 적의 기운을 먼저 빼앗는다. 복병이 있는지 의심스러운 곳에서 사용하면 연기 불이 어지럽게 발하여 적의 무리가 놀라고 겁에 질려 자기 자신을 숨기지 못한다.

-《세종실록》권118, 세종 29년 11월 22일자

**5**

# 원대의 동력과 아라비아의 자동 시보 장치가 결합된 자격루

신라는 동양 최고最古의 천문대로 알려진 첨성대를 만들고, 고려 역시 왕립 중앙 천문 기상대인 서운관書雲觀을 설치해 운영했다.

조선은 고려의 제도를 이어받아 서운관을 두었고 관측 시설로 간의대簡儀臺를 설치하였다. 세종 15년(1433년)에 경복궁 경회루 북쪽에 높이 31척(약 6.6미터), 길이 47척(약 10미터), 너비 32척(약 6.8미터)의 석조 누대를 쌓아 그 안에 각종 천문 기구들을 설치하였는데, 이것이 바로 간의대이다.

간의란 간편하게 만든 천체 관측 기구라는 뜻이지만 실제로는 원나라 곽수경郭守敬이 세운 관성대觀星臺 이후 동양에서 가장 큰 규모를 갖춘 것이었다. 20세기 과학사의 기념비적인 저서로 꼽히는《중국의 과학과 문명Science and Civilisation in China》의 저자 조지프 니덤Joseph Terence

Montgomery Needham은 세종 시대의 천문대를 "세계에서 가장 우수한 천문 관측소"라고 표현한 바 있다. 하지만 안타깝게도 간의대는 임진왜란 때 소실되었다.

세종은 다양한 과학 기구들을 만들도록 명했는데 천문 관측 기구로는 간의, 혼의가 있고 시간 측정 기구로는 일구日晷(해시계), 일성정시의日星定時儀(해와 별로 낮과 밤의 시간을 재는 시계), 자격루自擊漏(스스로 소리를 내는 물시계)가 대표적이다.

도성을 한성으로 옮긴 태조는 새로운 표준 시계가 필요하다는 것을 인식하고 1398년에 서울 중심지에 물시계인 경루更漏를 설치하도록 했다. 이에 따라 경루와 함께 종루鐘樓를 세우고 종을 쳐서 표준 시간을 알렸는데, 종루와 물시계가 있는 거리라고 해서 현재까지 종로라 불리고 있다.

그러나 시계의 움직임에 따라 자동으로 시간을 알려주는 자동 시보 장치自動時報裝置가 붙은 물시계의 제작은 세종 대에야 이루어졌다. 세종은 천민 출신 장영실에게 벼슬을 주어 자격루를 제작하게 했다. 임금의 배려에 감동한 장영실은 과학 연구에 온 힘을 쏟아 세종 16년(1434년)

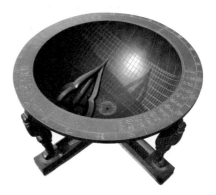

**조선시대에 사용된 해시계 앙부일구仰釜日晷 ●** 세종 16년(1434)에 장영실, 이천, 김조 등이 만들었던 해시계로 시계판이 가마솥같이 오목하고 이 솥이 하늘을 우러르고 있다고 해서 이런 이름을 붙였다.

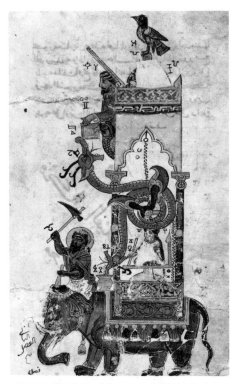

이슬람의 과학자 알 자자리Al-Jazari가 만든 물시계 그림 ● 여러 인형 모양의 자동 시보 장치가 보인다.

6월에 자격루를 완성하였다.

자격루는 중국 원대의 궁정 물시계에서 동력 부분을, 아라비아 물시계에서 자동 시보 장치와 인형 부분을 보고 응용하여 만든 당대 최고의 물시계였다. 중국의 시계는 어느 정도 사람의 손을 필요로 했는데 장영실이 만든 물시계는 스스로 움직였다고 하니, 장영실의 기술이 얼마나 뛰어났는지를 짐작할 수 있을 것이다. 자격루는 조선시대에 이룩한 과학기술의 수준을 단적으로 보여주는 걸작이었다.

그러나 자격루는 만들어진 지 21년 만인 단종 3년(1455년) 2월에 자동 시보 장치가 멈추고 말았다. 이는 장영실이 죽고 공동 설계자였던 김빈金鑌도 그해 10월에 세상을 떠났을 정도로 늙어 고장 난 자동 장치를 고칠 수 없었기 때문인 것으로 보인다. 2007년 11월에 문화재청

**자격루 복원 모형물 ○** 왼쪽은 시보 구슬을 방출하는 물시계 장치, 오른쪽은 시보 장치, 그리고 중앙의 비스듬한 판은 이 두 개의 장치를 접속해주는 연결 통로다.

에서 정밀한 고증을 바탕으로 자동 시보 장치를 원형 그대로 복원 제작하여 국립고궁박물관에 전시히고 있다. 하루 속히 세종과 장영실의 업적이 세계 기술학계에서 정당한 평가를 받기를 기대한다.

# 6

## 중국과 아랍을 벗어난
## 자주적인 천문학 체계, 칠정산

　　일반적으로 세종 대에 이루어진 가장 뛰어난 과학적 업적이 뭐냐고 물으면 측우기나 자격루를 입에 올리지 역법曆法을 말하지는 않는다. 그러나 세종 대에 이룬 가장 큰 과학적 성취는《칠정산七政算》의 발간으로 상징되는 역법의 발전이라고 할 수 있다.

　　역법은 단순히 달력을 만드는 차원을 넘어 해와 달, 그리고 오행성(수성, 금성, 화성, 목성, 토성)을 비롯한 천체들의 운행과 위치를 살피고 예측하는 방법을 말한다. '칠정산' 역시 '칠정(일월日月과 오행성. 칠요七曜라고도 함)'의 운행과 위치에 대한 계산법'을 뜻한다. 우리가 일식이나 월식은 물론이고 날짜와 계절의 변화를 알게 된 것도 이와 같은 역법을 연구한 결과이다. 따라서 역법은 천문학의 기초적이고 대표적인 분야라고 할 수 있다.

　　고대로부터 역법은 계절의 변화에 맞추어 농사를 짓는 데 꼭 필요한, 즉 농업의 지도 원리로 없어서는 안 되는 것이었다. 이 같은 실용적인 목적 외에도 중국이나 한국에서 역법을 중요시한 이유는 일식과 월식이 인간들과 임금에게 어떤 도덕적 경고나 메시지를 표시한다고 믿었기 때문이다. 이는 인기리에 방영됐던 TV 드라마 〈선덕여왕〉에서 미실과 덕만공주가 각각 일식의 유무에 대하여 다른 예측을 하고, 올바른 예측을 한 덕만공주가 권력을 잡는 데 유리한 위치를 차지하는 과정에서도 잘 나타나 있다.

세종 24년(1442년)에 편찬된 역법서《칠정산》은 내편과 외편으로 구성되어 있다. 내편은 중국의 역법(원나라의 수시력授時曆, 명나라의 대통력大統曆)을 조선의 실정에 맞게 정리한 것이고, 외편은 당시 가장 새로운

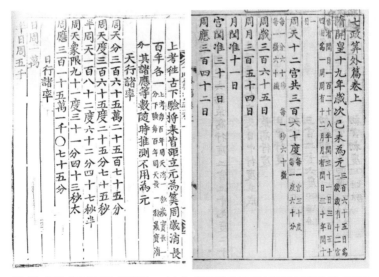

**칠정산 내편(좌)와 칠정산 외편(우)** ● 내편에는 원주각을 365도 25분 75초로 표시하고 있는데 반해, 외편에서는 360도로 표시하고 있어 외편이 아랍 천문학을 담고 있음을 보여준다.

학문이었던 아랍 역법(회회력回回曆)을 수용하여 서울의 위치를 기준으로 정리한 것이다.

이순지를 비롯한 학자들이 20여 년 간의 연구 끝에 완성한《칠정산》은 우리나라 학자들에 의해 독자적으로 편찬된 최초의 역법서라는 점에서 매우 중요한 의미를 지닌다. 당시 전 세계에서 자국 기준으로 일식과 월식을 정확하게 예측할 수 있는 체계를 갖춘 국가는 아랍과 중국뿐이었는데 조선은《칠정산》의 발간으로 세계에서 세 번째로 자주적인 천문학 체계를 완성한 국가가 되었다.

**명나라 때의 역법인 대통력 ○** 원나라의 곽수경郭守敬이 만든 원통元統을 수정하여 그 해를 기원으로 대통력법통궤大統曆法通軌를 만들었다. 고려에 전해져 널리 사용되었다.

우리나라는 세종 대 이전까지 중국에서 역서曆書(달력)를 받아 사용하였다. 하지만 실제로 그것을 그대로 사용할 수는 없었다. 한국의 위도와 경도는 중국과 달라 중국의 역서를 그대로 사용할 경우 절기와 일출, 일몰 등에 있어서 오차가 생기기 때문이었다. 또한 중국의 역법 자체도 완전한 것은 아니었다.

특히 주목할 만한 사실은 세종과 당시의 조선 학자들이《칠정산》을 편찬하는 과정에서 혼천의, 간의와 같은 정밀한 천문 관측 기구들을 직접 제작하였으며, 이를 바탕으로 한양의 경위도와 동·하지점의 위치를 정확히 측정하여 새로운 역법의 기초 자료로 삼았다는 사실이다. 실제로 《칠정산》은 당시까지의 여러 역법 체계들을 모두 소화, 정리한 후에 만든 세계에서 가장 우수한 역법이었다. 서양에서는 아직 천문학이 발전하지 못하고 있었고, 이슬람 천문학도 융성기를 지나 침체기에 접어들고 있었기 때문이다. 다음은 《칠정산》의 서문이다.

우리나라에서는 고려 때 최성지崔誠之가 충선왕을 따라 원나라에 갔다가 수시력법을 얻어 가지고 돌아온 후부터 비로소 이를 쓰기 시작했다. 그러나 역산학자들이 역曆 만드는 방법을 알아냈지만, 일월교식日月交食, 오성분도五星分度 등의 법은 그 이치를 알지 못하였다. 세종께서 정흠지鄭欽之, 정초鄭招, 정인지鄭麟趾 등에게 명하여 이를 추산推算하고 연구하여 그 묘리妙理를 터득하게 하였는데, 자세히 구명되지 않은 것은 세종께서 친히 판단을 가하시어 비로소 석연하게 밝혀졌다. 또 태음통궤太陰通軌, 태양통궤太陽通軌를 중국으로부터 얻었는데, 그 법이 이것과 약간의 차이가 있으므로 이를 바로잡아 내편을 만들었다. 또 회회력법을 얻어 이순지, 김담金淡에게 명하여 이를 고증검교考證檢校하여 중국 역관이 지은 바에 약간의 오류가 있음을 알게 되어, 이를 다시 교정하여 외편을 만들었다. 이리하여 역법이 유한遺恨이 없다 할 만큼 되었다.

당시의 학자들이 《칠정산》을 어떻게 평가하고 있었는지 알 수 있는 글이다. 특히 자세히 규명되지 않은 것을 세종이 직접 판단했다는 것을 보면 그는 당대의 가장 뛰어난 역법학자, 천문학자였던 것 같다.

# 7 국제적인 문자 연구의 결과물, 훈민정음

최근 훈민정음을 국보 1호로 하자는 주장이 나오고 있다. 이에 대한 논의는 보다 심도 있게 진행되어야겠지만 한글은 우리 선조들이 만든 수많은 유산 가운데 가장 중요하고 값진 유산임은 부인할 수 없는 사실이다.

영국 리즈대학 음성언어학과 제프리 샘슨Geoffrey Sampson 교수는 자신이 지은 《세계의 문자 체계Writing Systems》라는 책에서 "한글은 의문의 여지없이 인류가 만든 가장 위대한 지적 산물 중의 하나임에 틀림없다"고 밝히고 있다. 이를 15세기의 역사적 상황에 비춰본다면 한글이야말로 15세기에 인류가 만들어낸 가장 위대한 지적 산물이자 15세기 조선 문화의 정수라고 할 수 있다.

한글은 동북아 다른 민족의 문자들보다는 늦게 만들어졌다. 중국 인근 민족들은 스스로 강성하다고 느낄 때 자신들의 문자를 만들었다.

동아시아에서 중국을 제외하고 자국의 문자를 처음 만든 나라는 티베트였다. 7세기경에 티베트는 당나라와 전쟁을 벌여 승리한 뒤 강국으로 떠올랐는데 이때 민족 문자가 만들어졌다. 거란 민족은 요나라를 창건하고 10세기에 거란어를 만들었다. 그 뒤를 이은 금나라도 마찬가지로 북중국 일대를 점령하고 나서 민족어를 표기할 수 있는 문자를 발명했다. 몽골도 세계 제국을 이루어낸 다음 몽골 문자를 만들었다.

한글도 마찬가지였다. 바로 민족의 전성기에 만들어졌다. 한글 창제야말로 당시가 전성기였음을 입증하고 있다. 한글을 창제한 세종의 마음은 조선이 동아시아의 중심적인 문화국가라는 자부심으로 가득 차 있었을 것이다.

그런데 앞에서 언급한 국가들의 문자는 한글을 제외하고는 거의 다 사라졌다. 이들 국가들이 중국에 정복당해 동화되어버린 것도 하나의 이유지만 근본적인 이유는 문자의 생명력을 결정하는 핵심 요소인 실용성이 떨어졌기 때문이다.

실용성이야말로 한글이 지닌 최고의 장점이다. 정인지는 《훈민정음 해례본訓民正音解例本》 서문에서 다음과 같이 밝히고 있다.

한글 28자는 전환轉換이 무궁하여 간단하면서 요긴하고 정밀하면서도 잘 통하는 까닭에 지혜로운 사람은 하루아침을 마치기도 전에 깨치고, 어리석은 사람이라도 열흘이면 배울 수 있는데 바람소리, 학의 울음, 닭의 울음, 개 짖는 소리까지 적지 못할 것이 없다.

이처럼 한글은 그 어떤 문자보다 훨씬 더 과학적이고 경제적이며

1443년에 창제된 훈민정음에 대한 한
문 해설서인《훈민정음》 ❶ 예의본例義本
과 해례본解例本이 있다. 유네스코 세계문화
유산으로 지정되었다.

실용적인 시스템을 갖추고 있다. 특히 정보화 시대에 가장 적합한 과학적인 문자라는 평가를 받고 있다. 휴대전화로 가장 쉽게 문자를 보낼 수 있는 것이 한글이라는 것은 그 단적인 예가 될 것이다.

세종대왕과 신하들, 그리고 그들의 시대가 얼마나 위대했는지는 한글만 봐도 충분히 짐작할 수 있다. 한글은 단순히 세종대왕의 머리에서 나온 것이 아니었다. 그 시대 동아시아 음운학의 모든 지식이 모여져 만들어진 것이다. 이는 조선 초가 그만큼 개방적이었고 국제화된 시기였기 때문에 가능했던 일이었다.

그런데 훈민정음 창제를 둘러싼 의문은 여전히 계속되고 있다. 누가 만들었는지, 어떤 과정을 거쳐 만들어졌는지 명백하게 밝혀진 것이 없기 때문이다. 일부에서는《세종실록》권102에 나오는 "이 달에 임금께서 친히 언문 28자를 지었다〔是月 上親制諺文二十八字〕"는 기록을 근거로 세종대왕 혼자 비밀리에 작업했을 거라는 주장을 펴기도 한다. 그러나 이는 군주의 업적을 미화하고자 했던 당대의 기록일 뿐이다. 훈민정음 창제는 세종 자신이 아무리 뛰어난 음운학자라 하더라도 혼자 하기에는 벅찬 과제였다.

조선 초의 학자 성현成俔의 《용재총화傭齋叢話》나 조선 중기 실학의 선구자 이수광李睟光의 《지봉유설芝峰類說》 등에는 성삼문成三問, 최항崔恒 등이 왕명을 받아 훈민정음을 창제했다는 기록이 있다. 그리고 세종 다음으로 음운학에 밝았던 것으로 보이는 신숙주申叔舟가 《홍무정운역훈洪武正韻譯訓》의 서문에 쓴 다음의 글을 보면 한글 창제 전후 과정의 일단을 엿볼 수 있다. 신숙주는 중국어와 일본어, 몽골어, 여진어에 두루 능통한 언어 천재였다.

(세종이) 신 등에게 명하기를 "중국 선생이나 학자들에게 물어보아 바로잡도록 하라" 하시기에 왕래가 7, 8회에 이르렀고 물어본 사람이 몇 사람이나 된다. 중국의 수도인 연경燕京(베이징의 옛 이름)은 만국이 회동하는 곳으로, 먼 길을 오갈 때에 일찍이 교섭하여 밝혀보려고 한 사람이 또 적지 않고, 번방이나 이역의 사신과 평민에 이르기까지 접해보지 않은 사람이 없다.

-《홍무정운역훈》 서문


이 외에도 《세종실록》 권107에는 "집현전 부수찬副修撰 신숙주와 성균관 주부注簿 성삼문成三問과 행사용行司勇 손수산孫壽山을 요동에 보내 운서韻書를 질문하여 오게 하였다(세종 27년 1월 7일)"는 기록이 나온다. 또 뛰어난 문장가이자 화가였던 강희맹姜希孟이 신숙주가 살아생전에 이룬 업적을 기록한 〈문충공행장〉에도 "(신숙주가) 을축년(1445년) 봄에 때마침 죄를 지어 요동에 유배된 (명나라) 한림학사 황찬黃瓚을 찾아가 음운에 대해 질문하고, 한글로 중국어 음을 옮기는데, 물음에 따라

**조선시대 언어의 천재였던 신숙주 ●** 본관은 고령, 자는 범옹泛翁, 호는 희현당希賢堂 또는 보한재保閑齋이다.

빠르게 해석하며 추호도 틀림이 없으므로 황찬이 매우 신기하게 여겼던바 요동에 왕래함이 무릇 열세 번이었다"는 내용이 있다. 여러 신하들이 발로 뛰면서 훈민정음을 만들고 다듬은 것이다.

세종대왕과 그의 학자들은 한글을 창제하기 위해 당시 이미 존재했던 주변국의 언어를 참고로 했던 것 같다. 실제로 성현의 《용재총화》에 "초종성 8자, 초성 8자, 중성 12자의 글자 모양은 범자梵字(산스크리트 문자)에 기대어 만들었다"는 기록이 있다. 인도 고대 문자인 산스크리트 문자는 종교와 철학용 고급 문자로 지식인 계층에서 주로 사용했다. 세종도 불경을 통해 산스크리트어와 고대 인도의 음성학에 대해 상당한 수준의 지식을 쌓았던 것으로 보인다.

한편 조선 후기의 실학자 이익은 《성호사설》에서, 조선 순조 때의 한글학자 유희柳僖는 《언문지諺文誌》에서 각각 한글이 몽골의 파스파 문자와 관련이 있다고 주장했다. 파스파 문자는 원나라 세조 쿠빌라이

의 명에 따라 티베트의
승려이자 학자인 파스파
八思巴가 만든 문자인데,
한글처럼 음소문자이고
음절 단위로 글자를 썼
다. 원나라의 영향을 많
이 받았던 고려의 지식층

**파스파 문자와 훈민정음 대조 ❶** 파스파 문자는 1265년 몽골 원나라 국사國師인 파스파가 쿠빌라이 칸의 명을 받아 몽골어를 표기하기 위해 만든 문자로서 몽골 신자·방형 몽골 문자라고도 한다.

들은 파스파 문자에 익숙했다.

컬럼비아대학의 개리 레드야드Gari Ledyard 교수는 "한글이 파스파 문자에서 그 기하학적 모양을 차용했다"고 주장하며 그 근거로 당시 조선의 궁에서는 파스파 문자를 쓰고 있었고, 일부 집현전 학자들이 파스파 문자를 잘 알고 있었다는 점을 들었다. 그러면서 한글의 기본 자음은 'ㄱ, ㄷ, ㅂ, ㅈ, ㄹ'라고 밝혔다.

또《환단고기桓檀古記》에 나오는 기록을 근거로 한글이 가림토加臨土 문자에서 비롯됐다고 주장하는 이들도 있다. 독립운동가 계연수桂延壽가 1911년《삼성기三聖紀》,《단군세기檀君世紀》,《북부여기北夫餘紀》,《태백일사太白逸史》 등 각기 다른 4권의 책을 하나로 묶어 편찬한《환단고기》에 따르면 단군조선시대 제3대 가륵嘉勒 단군이 경자 2년(기원전 2181년)에 단군조선의 문자인 가림토 문자를 만들었다고 한다.

당시 풍속이 하나같지 않고, 지방마다 말이 서로 달랐다. 형상으로 뜻을 나타내는 진서眞書가 있다 해도 열 집 사는 마을에도 말이 통하지 않는 경우가 있고, 백 리 되는 나라의 땅에서도 통하지 않는 일이 많았다.

이에 삼랑三郞 을보륵乙普勒에게 명하여 정음 38자를 만들게 하니 이를 가림토라 하였다.

흥미롭게도 위의 내용은 《훈민정음》 서문이나 우리나라 최초의 발음 자전發音字典인 《동국정운東國正韻》 서문과 너무나도 흡사하다. 나아가 가림토 문자는 일본에도 전해져 신대 문자神代文字인 아히루 문자가 되었다는 주장도 있다.

가림토 문자가 훈민정음의 원형이라는 주장은 《세종실록》에 나오는 다음의 기록으로 인해 무게를 얻고 있다. 세종 25년 12월 30일의 일이다.

이달에 임금께서 친히 언문 28자를 지었는데, 그 글자가 옛 전자篆字를 모방하고, 초성·중성·종성으로 나누어 합한 후에야 글자를 이루었다.

여기서 옛 전자가 바로 가림토이니 훈민정음은 가림토를 변형한 문자라는 주장이다.

**가림토 문자 ◑** 가림은 가려낸다는 뜻으로 가림다문加臨多文이라고도 한다. 필사로 전하는 《환단고기》에 나오는 글자로 그 모습이 한글과 유사하여 한글의 전신이라는 설도 있으나 분명치 않다.

그러나 학계에서는 《환단고기》를 객관적인 역사 자료로 인정하지 않고 있다. 설령 인정한다 하더라도 '이러한 고대 문자가 있었다면 왜 우리의 고대 역사 자료에 한 번도 등장하지 않았는가?'라는 점 때문에 가림토 문자의 영향을 받았다는 주장에 부정적인 견해를 보이는 이들이 많다.

그러나 앞에서 거론된 여러 정황으로 볼 때 한글은 단순히 책상 앞에서 만들어진 것이 아니라 주변국 또는 과거의 문자를 모두 연구해 만들어졌을 가능성이 높다.

**8**

# 130일의 출산휴가와
# 세계 최초의 여론조사

세종 8년(1426년) 4월 17일에 왕은 관청의 여자 노비가
아이를 낳으면 100일 동안 출산휴가를 줄 것을 명했다. 이것만 해도
당시로서는 상당한 처우 개선이라고 할 수 있을 것이다. 그런데 세종
12년(1430년)에 다시 출산 1개월 전부터 복무를 면제해주는 법을 제정
했다.

옛적에 관가의 노비에 대하여 아이를 낳을 때에는 반드시 출산하고
나서 7일 이후에 복무하도록 하였다. 아이를 버려두고 복무하면 어린아
이가 해롭게 될까 봐 염려하여 …… 일찍 100일간의 휴가를 더 주게 하
였다. 그러나 산기에 임박하여 복무하였다가 몸이 지치면 미처 집에까
지 가기 전에 아이를 낳는 경우가 있다. 만일 산기에 임하여 1개월 동안
복무를 면제하여주면 어떻겠는가? 가령 그가 속인다 할지라도 1개월까

지야 넘을 수 있겠는가? 그러니 상정소詳定所에 명하여 이에 대한 법을
제정하게 하라.

-《세종실록》권50, 세종 12년 10월 19일자

한국의 현행 근로기준법은 여성이 임신했을 때 산전·후를 합하여
90일간의 출산휴가를 주도록 하고 있다. 그러나 세종은 산전 1개월,
산후 100일의 휴가를 주도록 하고 있다. 현대의 근로기준법보다 40일
더 많은 출산휴가를, 그것도 노비에게 보장해준 것이다.

한국은 2007년 말에 이르러서야 아내가 아이를 낳을 때 남편에게도
3일간의 출산휴가를 주도록 했다. 그러나 세종은 이보다 훨씬 더 많은
휴가를 주었다.

(임금이) 형조에 전교하기를 "경외의 여종(婢子)이 아이를 배어 산달에
이른 자와 산후 100일 안에 있는 자는 사역使役을 시키지 말라는 것은 일
찍이 법으로 세웠으나, 그 남편에게는 전혀 휴가를 주지 아니하고 그전
대로 일을 하게 하여 산모를 구호할 수 없게 되니, 한갓 부부가 서로 구
원救援하는 뜻에 어긋날 뿐 아니라, 이 때문에 혹 목숨을 잃는 일까지 있
어 진실로 가엾다 할 것이다. 이제부터는 사역인의 아내가 아이를 낳으
면 그 남편도 만 30일 뒤에 일을 하게 하라" 하였다.

-《세종실록》권64, 세종 16년 4월 26일자

또한 여자들이 남자 의원에게 병을 치료받는 것을 부끄럽게 여긴
나머지 치료를 받지 못하고 죽는 경우가 있음을 알고, 부인병 치료를

조선시대 노비들의 생활상을 그린 김홍도의 〈벼 타작〉 ● 주인이 지켜보는 가운데 노비들이 벼 타작에 열중하고 있는 모습이다. 국립중앙박물관 소장.

위해 여의女醫를 양성하게 했다. 세종은 현대적 관점에서 보더라도 여성의 인권에 큰 관심을 가진 인권 군주였던 셈이다.

인권 군주 세종은 백성의 마음을 헤아리려 노력했다. 백성들의 억울한 사연에 귀를 기울이고, 지방 수령들의 횡포나 과도한 형벌에 대해서는 엄격했다. 훈민정음을 만든 이유 중의 하나도 백성들로 하여금 한글로 법을 읽을 수 있게 하여 법을 몰라서 어기는 일을 줄이고자 함이었다. 세종은 더 나아가 서울뿐만 아니라 지방의 죄수들까지 옥중에서 죽었을 때는 그 사유를 보고하게 하여 억울하게 죽는 사람을 줄이고자 했다.

사회적 약자를 얼마나 배려하는가는 그 사회의 선진성을 가늠하는 잣대이다. 이 잣대로 본다 하더라도 15세기 조선은 분명 동시대 어느 사회, 어느 국가보다 선진국이었다.

현대 민주주의에서 여론조사는 매우 중요한 위치를 차지하고 있다. 이슈가 있을 때마다 모든 국민을 대상으로 투표를 할 수는 없기 때문에 민감한 정책은 시행에 앞서 여론조사를 하는 것이 보편화되었다.

그런데 서양이 민주주의를 시작하기도 전인 15세기 세종 대에 조선에서는 17만 명을 대상으로 여론조사를 실시했었다. 당시의 아젠다 agenda(주제)는 새로운 조세제도인 공법貢法의 도입 여부였다. 공법이란 수년간의 수확고를 통산하여 평년의 수익을 바탕으로 세금을 매기는 조세제도다. 쉽게 말해 토지의 세금을 일정하게 고정시키는 정액세법이다.

과거나 현재 모두 조세정책은 충분한 국가재정을 확보하는 동시에 국민에게 과도한 부담을 주지 않아야 하는, 다시 말해 두 마리 토끼를 다 잡아야 하는 매우 어려운 정책이다.

조선은 세종이 공법을 도입하기 전까지 공전公田, 사전私田할 것 없이 수확량의 1/10을 기본으로 부과했다. 그리고 풍년과 흉년에 따라 수확량이 다르므로 실제 관리들이 나가서 수확량을 확인하는 손실답험법損實踏驗法을 병행하고 있었다. 그러나 이 제도의 문제점은 수확량을

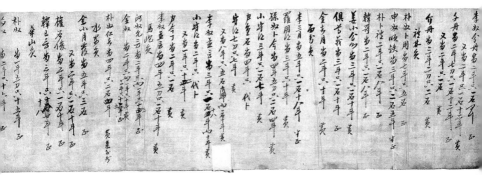

조선시대 마을의 전답별 수확량을 기록한 문서. 국립중앙박물관 소장.

조사하는 관원들이 뇌물을 받고 제대로 조사하지 않는다는 것이었다. 이로 인해 국가의 재정 기반이 흔들릴 뿐만 아니라 백성들도 피해를 입었다. 따라서 공법이 대안으로 논의되기 시작했다. 물론 공법도 단점이 있었다. 세종도 공법을 시행할 경우 풍년에는 괜찮지만 흉년에는 백성들이 근심과 걱정을 면하기 어려울 것이라며 신하들의 의견을 구했다. 그러나 신하들의 의견이 엇갈리자 세종은 전국적으로 여론조사를 실시하라고 지시했다.

> 정부·육조, 각 관사와 서울 안의 전함前銜(전직 관리) 각 품관과, 각도의 감사·수령 및 품관으로부터 여염閭閻의 세민細民에 이르기까지 모두 가부를 물어서 아뢰라.
>
> -《세종실록》권47, 세종 12년 3월 5일자

세종의 명령으로 세계 최초로 전국에 있는 17만 2,816명의 전·현직 관리와 일반 농민들을 대상으로 한 여론조사가 이루어졌다.

세종은 4개월 후인 7월 5일에 여론조사 결과를 보고받았는데 찬성 9만 8,657명, 반대 7만 4,149명으로 찬성이 우세했다. 그 결과를 분석해보면 경기, 경상, 전라 등 토지 생산력이 높은 남쪽 지방 주민들은 찬성이 압도적이지만 평안, 함길, 강원 등 토지 생산력이 낮은 북쪽 산간 지방은 반대가 압도적이었다.

이러한 여론조사 결과를 놓고 조정에서는 다시 치열하게 찬반 토론을 벌였다. 반대론자는 정액세인 공법이 빈부격차를 가중시킬 우려가 있으므로 손실답험법을 보완하여 실시할 것을 주장했고, 찬성론자는 기존의 손실답험법이 오랫동안의 골칫덩어리였으므로 개혁이 필요하다고 주장했다.

| 구분 | 수령 | | 품관·촌민 | | 전직 관원 | | 현직 관원 | | 기타 | |
|---|---|---|---|---|---|---|---|---|---|---|
| | 찬성 | 반대 | 찬성 | 반대 | 찬성 | 반대 | 찬성 | 반대 | 찬성 | 반대 |
| 경기 | 29 | 5 | 17,076 | 236 | | | | | | |
| 충청 | 35 | 26 | 6,982 | 14,013 | | | | | | |
| 전라 | 42 | 12 | 29,505 | 257 | | | | | | |
| 경상 | 55 | 16 | 36,262 | 377 | | | | | | |
| 황해 | 17 | 17 | 4,454 | 15,601 | | | | | | |
| 평안 | 6 | 35 | 1,326 | 28,474 | | | | | | |
| 함길 | 3 | 14 | 75 | 7,387 | | | | | | |
| 강원 | 5 | 10 | 939 | 6,888 | | | | | | |
| 합계 | 192 | 135 | 96,619 | 73,233 | 443 | 117 | 259 | 393 | 1,144 | 271 |

**세종 대 공법 실시에 대한 여론조사 결과**

세종은 서둘러 결정하지 않고 신하들의 의견을 계속 수렴해나갔다. 이렇게 지난한 과정을 거쳐 1436년 공법상정소貢法詳定所를 설치하면서 본격적인 시행을 준비하였고, 1444년에 최종안을 확정하여 시범 운영에 들어갔다. 최종안이 마련되는 과정에서도 많은 논의가 있었다. 결국 전분육등법田分六等法(전국의 토지를 질에 따라 6등급으로 구분하여 세금을 달리 내도록 하던 제도)과 연분구등법年分九等法(농작의 풍흉을 9등급으로 나누어 지역 단위로 세금을 걷던 제도)을 도입하여 토질과 풍흉의 정도에 따라 차등을 두고, 단계별로 10퍼센트씩 세금을 줄이는 안이 최종적으로 선택되었다.

공법 실시는 매우 어려운 국가적 과제였다. 찬반양론이 모두 근거가 있었고 국가의 원칙과 민생의 안정을 모두 고려해야 했기 때문이다. 세종은 그중 어느 한 측면만 강조될 경우 "오랑캐(무정부 상태)나 걸왕 桀王(전제군주)의 정치로 변질될 수 있다"고 보았다.

세종은 혼자 결론을 내리지 않고 백성들과 관료들의 의견을 충분히 들었다. 특히 17만 명이 넘는 사람들의 의견을 수렴한 것은 동시대의 어느 군주도 감히 상상하지 못했던 획기적인 사건이었다. 이것이야말로 진정한 민주주의적 의사 결정 과정이라고 할 수 있다.

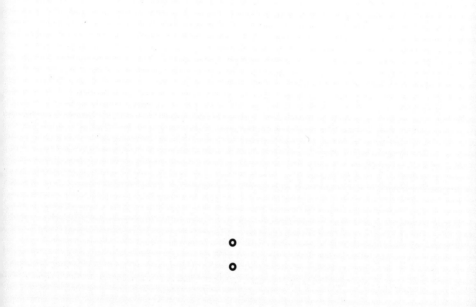

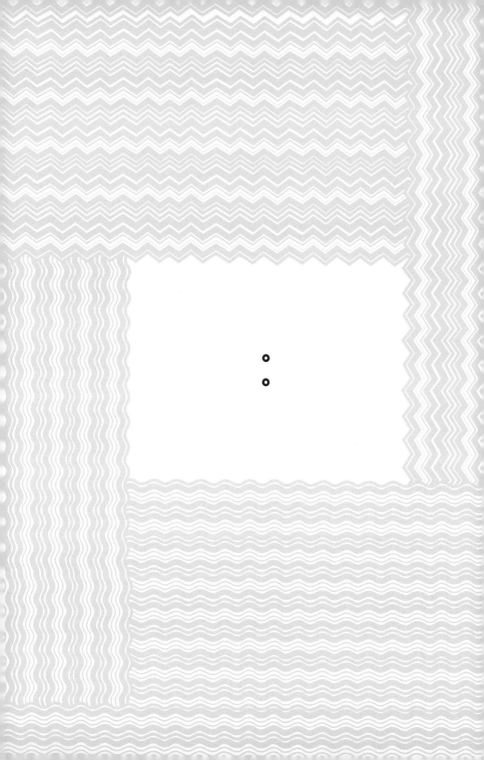

# 제 4 부

# 한국사 속의
# 세계인 리더들

# 1
## 7세기 동아시아의 정세를 읽은 세계인, 김춘추

국가의 번영을 이끌어내는 데 지도자 역할의 중요성은 말할 필요가 없을 것이다. 지도자에게는 시대 변화의 본질을 꿰뚫는 안목과 식견, 통찰력이 필요하다.

그런데 한국사(세계사도 마찬가지일 것이다)에서 보면 전성기를 이끌었거나 토대를 마련했던 지도자들은 매우 개방적이거나 국제화된 경륜을 갖춘 사람들이었다. 특히 건국의 아버지들은 거의 모두 외부에서 온 사람들이거나 국제적인 활동을 했던 사람이었다.

주몽은 북부여에서 탈출해와 고구려를 세웠다. 앞서 코리족의 일파로서 몽골에서 일단의 세력을 이끌고 내려왔을 수 있다는 가설을 제시한 바 있다. 백제의 온조 역시 만주의 고구려에서 일려 일단의 세력을 이끌고 머나먼 여정 끝에 한강 유역에 이르렀다. 박혁거세 역시 백마가 품은 알에서 나온 것이 아니라 백마라는 상징성에서 보듯 북쪽의 기마 민족이 남하해 경주의 토착 세력을 장악한 것이다. 삼국사기의 기록에서 박혁거세 시절 주변국와의 관계를 보면 북에서 남으로 이동해온 과정을 유추해볼 수 있다.

이후 통일신라를 이끈 김춘추는 고구려와 일본 당나라를 드나들며 외교를 했던 당대 최고의 국제인이었다. 고려의 태조 왕건은 조상이 중국에서 넘어왔고 《고려사》의 주장대로라면) 대대로 개성 일대에서 해양 교역을 하던 상인 출신이었다. 이성계도 고려 땅이 아닌 여진족 지역에서 낳고 자라 여진족 문화에 매우 익숙한 국제인이었다. 대한민국의 초대 대통령 이승만도 29세에 한반도를 떠나 한 차례 일시 귀국을 제외하고는 70세까지 해외 생활을 한 사람이다. 이승만에 대해서는 논란이 많지만 그의 국제화된 식견은 한국전쟁 당시 연합군의 참전과 전후 처리 과정에서 국익에 큰 역할을 했다.

국제화된 경륜과 일국의 시도자의 관계를 절대적으로 보는 것은 다소 억지라고 할 수 있다. 그러나 개방적이고 국제화된 사고를 가졌기에 진취적이고 도전적인 삶을 살았고 건국의 아버지들이 되었을 가능성이 컸을 것이라는 점은 분명해 보인다.

건국자들 가운데 주몽, 온조, 박혁거세는 신화적인 요소가 많아서 제외하고 통일신라의 아버지 김춘추와 고려의 건국자 왕건, 조선의 건국자 이성계를 개방이라는 키워드로 분석해봤다. 이들 외에 아직 많은 사람들에게 알려지지 않았지만 필자의 생각으로는 한반도인 중 최고의 세계인이었던 충선왕과 그의 할아버지 고려 원종의 일대기를 소개하고자 한다.

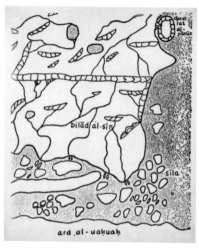

**이슬람의 세계지도인 알 이드리시**Al-Idrisi **지도 속 신라 ●** 섬으로 표현된 한반도 주변 지역에 sila라는 표기가 보인다. 사진 제공 서정철.

신라는 한반도 동남쪽의 외진 곳에 위치한 작은 국가였다. 국력도 약했을 뿐만 아니라 문화적으로도 고구려, 백제에 비해 훨씬 뒤처져 있었다. 그러나 신라는 고구려와 백제를 멸망시키고 한반도의 대부분을 차지한 국가로 성장했다. 신라가 통일을 이루기 직전 중국 대륙에는 통일 왕조가 등장했다. 특히 수나라의 뒤를 이은 당나라는 중국 역사상 최고의 성세를 이끈 왕조였다.

통일 제국 당의 등장으로 인한 시대 변화의 본질을 신라의 지도부, 특히 새로 권력을 잡은 김춘추는 잘 알았다. 동아시아는 당분간 당나라 일국 체제가 될 수밖에 없는 만큼 당 주도하의 세계 체제에 들어가야 한다는 것, 그리고 국가의 생존을 위해 주도적으로 세계화를 해야 한다는 것이 김춘추의 생각이었다.

공식적인 기록에 나타난 신라의 국제화는 제17대 내물왕이 처음으로 중국에 사신을 보낸 것에서부터 시작되었다고 할 수 있다. 그리고 제23대 법흥왕에 이르러 본격적으로 국제화를 시도했지만 그 수준은 신라보다 선진국이라 할 수 있는 고구려나 백제에 못 미쳤다. 고구려와 백제는 이미 오래 전부터 중국의 남북조시대의 여러 왕조와 교류하고 있었기 때문이다. 당시 기준으로 볼 때 중국화가 곧 국제화였고, 국제화는 곧 개방이었다.

신라의 국제화와 개방화를 본격적으로 이끈 사람은 바로 태종무열왕 김춘추였다. 물론 김춘추에 대해서는 논란이 많다. 당을 끌어들여 백제와 고구려를 멸망시켰고, 고구려의 영토였던 만주 벌판을 영원히 우리 역사에서 지워버린 장본인이라는 비난의 목소리도 크다. 그러나 이는 민족의 개념이 없었던 당시의 상황을 지금의 잣대로 평가한 것일 뿐이다. 백제도 수나라에 사신을 보내 고구려를 공격해준다면 백제가 길을 안내하겠다고 했다. 이를 탓할 수는 없다. 민족 문제가 아니라 국가 간의 생존 투쟁 문제였기 때문이다.

게다가 세계 제국을 건설하고 있던 당나라는 신라가 개입하지 않더라도 결국은 오랜 전쟁으로 국력이 피폐해진 고구려를 멸망시켰을 가능성이 높다. 이러한 것을 고려하면 김춘추에 대한 비난은 고구려에 대한 안타까움을 표현하는 것 이상이 될 수는 없다.

이제 한 국가의 지도자라는 차원에서 냉정하게 김춘추를 평가해보자. 우리 역사에서 왕 가운데 가장 국제화, 개방화되었던 사람은 누구일까? 뒤에 거론될 고려 제26대 충선왕(재위 1308~1313년)을 제외한다면 김춘추가 단연 으뜸일 것이다.

김춘추는 왕위에 오르기 전부터 고구려와 일본, 당을 넘나들며 활발한 외교 활동을 펼쳤다. 동시대 동아시아 국가 지도자 가운데 그처럼 국가를 넘나들며 활동한 사람은 없었다. 그런 만큼 그 누구보다도 당시 급변하고 있던 동아시아의 국제 정세를 잘 파악하고 있었고, 신

**태종무열왕릉, 즉 김춘추의 무덤 ○** 경주 북서쪽의 선도 산에서 남쪽으로 뻗은 구릉에 위치해 있다. 밑둘레 114미터, 높이 8.7미터로 비교적 큰 편이다.

라가 살아남기 위해서 무엇을 어떻게 해야 하는지 알고 있었다.

김춘추의 대외 활동은 고구려를 방문한 것에서부터 시작되었다. 선덕여왕 11년(642년)에 백제는 대야성(경남 합천)을 공격하여 점령했다. 대야성은 당시 신라 서부 전선의 최고 요충지였는데 백제의 공격으로 성주 김품석金品釋과 그의 부인, 그리고

수많은 사람들이 전사했다. 이때 숨진 품석은 다름 아닌 김춘추의 사위였다. 당시 신라는 밖으로는 백제의 끊임없는 공격에 시달렸고, 안으로는 선덕여왕의 리더십을 문제 삼은 귀족들이 여왕에게 반발하는 등 국가가 존망의 위기에 빠져 있었다.

이에 김춘추는 위험을 무릅쓰고 백제를 공격할 지원군을 요청하러 직접 고구려로 간다. 김춘추를 만난 고구려 제27대 영류왕(재위 618~642년)은 군사를 빌려달라는 김춘추에게 "죽령은 본래 우리 땅이니 네가 죽령 서북쪽 땅을 돌려주면 군사를 내주겠다"고 말한다. 그러자 김춘추는 "제가 임금의 명을 받들어 군사를 빌리러 왔는데 대왕께

서는 환란을 구원해 이웃 나라와 잘 지낼 생각은 하지 않고 단지 사신을 위협하고 협박하여 땅을 되돌려줄 것만을 요구하시니 저는 죽을지 언정 그 밖의 것은 모르겠나이다"라고 거부해 결국 갇히고 만다. 김춘추의 배짱이 대단했던 것 같다.

김춘추는 고구려로 가기 전에 이미 죽음을 각오한 모양이다. 떠나기 전에 김춘추는 김유신에게 묻는다.

"나와 공은 한 몸으로 나라의 팔과 다리가 되었으니 지금 내가 고구려에 들어가 죽음을 당하면 공은 무심하겠는가?"

그러자 김유신이 대답한다.

"공이 만약 가서 돌아오지 않는다면 내 말발굽이 고구려와 백제 두 왕의 마당을 짓밟아버릴 것입니다. 진실로 이와 같이 아니한다면 장차 무슨 명목으로 나라 사람을 보겠습니까?"

실제로 고구려에 들어간 김춘추가 구금됐다는 소식을 들은 김유신은 1만의 결사대를 이끌고 나아가 고구려의 남쪽 국경을 공격하려 했다. 이에 고구려 영류왕은 김춘추를 풀어주고 돌려보냈다.

여기서 잠시 김유신과 김춘추의 관계에 대해 알아보자. 이미 잘 알려진 것처럼 김춘추는 김유신의 동생 문희文姬의 남편이다. 또 김유신은 김춘추가 왕위에 오른 뒤 김춘추의 셋째 딸 지소智炤(문희의 딸이 아니다)와 결혼을 한다. 이중의 혼인 관계로 얽힌 것이다. 이 같은 관계는 두 사람이 신라의 정권을 장악하고 삼국을 통일하는 과정에서 핵심적인 역할을 했다.

먼저 정권 장악 과정을 보자. 747년 신라 화백 회의에서는 선덕여왕의 능력을 문제 삼아 퇴위를 결정했는데 선덕여왕은 이를 받아들이지 않았다. 그러자 화백 회의 의장이며 유력한 왕위 계승자인 상대등上大等 비담毗曇과 진골 귀족 염종廉宗이 군사를 일으켰다.

이에 김춘추는 처남인 김유신을 불렀다. 당시 경산 지역 사령관을 맡고 있었던 김유신은 곧장 군사를 몰아 경주로 향했고, 열흘 만에 비담과 염종의 군대를 물리쳤다. 김춘추와 김유신의 행동은 당시 신라의 최고 의결 기구인 화백 회의의 결정에 반발한 일종의 쿠데타였다.

쿠데타에 성공한 김춘추는 선덕여왕의 사촌인 마지막 성골 왕 진덕여왕을 왕위에 앉힌다. 그러나 실권은 김춘추와 김유신이 쥐고 있었음은 물론이다.

이후 백제 정벌 과정에서 전쟁을 주도한 사람은 김유신이었다. 김춘추가 세상을 떠난 뒤에 조카인 문무왕을 도와 삼국통일을 완성한 사람도 김유신이었다.

김춘추와 김유신, 두 사람 다 논란이 있을 수 있지만 자신들의 조국을 위해 헌신했던 것만큼은 높이 평가해야 한다.

김춘추는 진덕여왕 2년(648년)에 원군을 요청하러 셋째 아들 문왕文王과 몇몇 신하를 데리고 직접 당나라로 갔다. 당시 김춘추는 왕이나 다름없던 실질적인 권력자였지만 몸을 사리지 않고 황해를 건넌 것이다. 황해를 건넌다는 것은 고구려군을 중간에 만날 수도 있고 거센 파도에 배가 난파될 수도 있는 위험한 일이었다. 실제 김춘추는 당에 갔다 오는 길에 고구려 수군에 붙잡혔다. 이때 김춘추를 수행하던 온군해溫君解가 김춘추와 옷을 바꿔 입고 대신 죽음을 당했다. 그 사이 김춘추는 작은 배를 타고 탈출해 가까스로 살 수 있었다. 한 나라의 지도자로서 국가를 위해 목숨을 아끼지 않았다는 점에서 김춘추는 좋은 귀감이다.

김춘추의 당나라 방문은 역사적으로 매우 큰 의미를 지닌다. 그의 외교 무대가 한반도를 넘어 중국 대륙으로 넓혀지는 것은 물론 고구려와 백제, 신라의 운명이 바뀌는 토대가 마련됐기 때문이다. 김춘추는 대당 외교에서 자신의 식견과 외교관으로서의 능력을 발휘한다. 그는 당 태종으로부터 신라에 군사를 지원하겠다는 약속을 받아낸 것은 물론, 이후 한반도의 역사를 결정짓는 약속을 받고 온다. 백제와 고구려를 상대로 한 전쟁에서 승리하면 신라는 패강(대동강) 이남의 땅을 차지하고, 당은 패강 이북의 땅을 차지한다는 것이었다.

《삼국사기》 권7 문무왕 편을 보면 648년에 당나라를 방문한 김춘추에게 당 태종이 다음과 같이 말했다는 기록이 나온다.

**당나라의 2대 황제인 태종 ◑** 이름은 이세민李世民으로 형과 아우를 죽이는 '현무문의 변'으로 태자가 되었다. 재위 후 정관貞觀의 치治를 이룩하였으며 한반도에 군대를 파견하여 신라의 삼국통일을 원조했다.

산천과 토지는 내가 탐내는 것이 아니고 옥백玉帛(옥과 비단)과 자녀는 나도 갖고 있는 것이니, 내가 백제와 고구려를 정벌하면 평양 이남과 백제의 땅을 모두 너희 신라에 주어 길이 편안토록 하겠다.

김춘추는 외교관으로서의 기본 자질, 즉 개인적인 매력도 상당했던 것 같다. 《삼국사기》는 김춘추에 대해서 "풍채가 아름답고 빼어났으며, 어려서부터 세상을 잘 다스리고자 하는 뜻을 가졌다"고 기록하고 있다. 물론 김춘추의 후손인 김부식이 편찬한 책인 만큼 과장이 있을 수는 있다. 그런데 일본의 역사책인 《일본서기日本書紀》에도 김춘추가 굉장히 잘생긴 인물로 묘사되어 있는 것을 보면 어느 정도는 사실인 것 같다.

김춘추는 신라가 가야 할 방향을 알았다. 신라의 평화를 위해서는 백제와 고구려를 정복해야 한다는 것, 즉 삼한의 통합이 불가피하다고 본 것이다. 여기서 삼한은 민족의 개념이 아니라 한반도라는 지역의 개념이다. 그리고 삼한을 통합하기 위해서는 국가의 경쟁력을 높여야 하고 국가 경쟁력을 높이기 위해선 세계화가 불가피하다고 보았다. 백제나 고구려의 지도부 그 누구도 삼한의 통합을 생각하지 못하고 있을 때였다.

김춘추는 당 태종과의 협상이 끝나자 아들 문왕을 태종 옆에서 숙위하도록 남겨두어 당나라와의 연결 고리를 확보했다. 이는 훗날 백제와 고구려와의 전쟁, 그리고 나당전쟁에서 큰 효과를 보았다. 또 2년 후인 650년에는 장남 법민, 뒷날의 문무왕을 중국으로 보냈다. 이때 활발한 외교 활동을 펼쳐 당 고종에게 인정받은 법민은 대부경大府

卿(오늘날의 차관급)이라는 벼슬을 받고 돌아온다.

661년에 김춘추가 세상을 떠나자 왕위에 오른 법민, 즉 문무왕은 백제 및 고구려와의 전쟁을 승리로 이끌고 나당전쟁을 통해 당나라를 한반도에서 몰아냈다. 이런 점에서 그는 오히려 아버지 김춘추보다 더 높은 평가를 받아 마땅한 인물이다. 문무왕이 이 같은 일을 해낼 수 있었던 것은 아버지로부터 이어받은 국제적 감각이 있었기 때문이다.

김춘추가 당 태종으로부터 약속을 받아내는 과정을 보면 그가 얼마나 뛰어난 전략가인지 알 수 있다. 그는 먼저 태종에게 국학에 나가 공자에게 제사 지내는 의식과 경전을 강론하는 것을 보게 해달라고 청하였다. 중국 문화에 대한 관심을 보임으로써 신라가 무지한 국가가 아니며 중국을 적극적으로 받아들일 준비가 되어 있음을 보여준 것이다. 또 관리들의 공복公服을 고쳐 중국 제도를 따르겠다고 말해 태종을 감동시켰다. 당 태종은 중국 역사상 가장 위대한 왕으로 꼽히는 사람이다. 그의 치세 20여 년은 '정관貞觀의 치治'라고 하는 중국 역사상 최고의 태평성대였다. 김춘추는 세계 제국을 건설하려는 야심가 태종이 무엇을 원하는지 정확히 알고 이를 이용한 것이었다.

김춘추는 귀국하자마자 관리들의 의복을 모두 중국식으로 바꿨고 650년에는 중국의 연호를 사용했다. 한반도의 구석진 곳에 위치한 신라가 후진국에서 벗어나기 위해선 중국화가 불가피하다고 보고 확실하게 중국화에 나선 것이다. 사실 당시 중국화는 세계화와 같은 뜻이었다.

이후 당나라는 주변 국가들을 복속해나가면서 세계 최강의 국가로 떠올랐다. 이런 세계의 분위기를 알고 세계화를 추진해나간 것은 결국 신라가 통일을 이루고 100여 년 뒤 융성기를 맞는 바탕을 마련했다.

시대가 영웅을 만드는가? 영웅이 시대를 만드는가? 김춘추야말로 시대를 만든 사람이다. 역사를 바꾼 사람이다. 한국 역사에서 김춘추만큼 스스로 역사를 만들고, 스스로 영웅이 된 사람은 쉽게 찾아볼 수 없다.

필자는 김춘추의 능력을 높이 사지만 군주의 진정성이란 차원에서는 문무왕을 존경한다. 문무왕은 국가 지도자들에게 귀감이 될 만한 인물이다. 아버지에 비해 덜 알려진 문무왕 김법민에 대해 간단히 알아보자.

김춘추와 김유신의 여동생 문희 사이에서 장남으로 태어난 문무왕 김법민은 능력 면에서도 그 아버지에 그 아들이었다는 말이 어울리는 인물이었다. 특히 나당전쟁을 통해 한반도에서 당나라를 몰아냈다는 점에서 높은 평가를 받아야 마땅하다.

문무왕은 아버지 김춘추가 왕위에 오르기 전에 이미 당나라를 방문해 견문을 넓혔고, 김춘추가 왕위에 오른 뒤에는 파진찬으로 병부령

**문무왕릉비 ◐** 현재까지 대편 大片 2개, 소편小片 1개가 발견되었으나 대편 1개는 원석이 전하지 않는다. '십오대조성한왕 十五代祖成漢王', '제천지윤전칠 엽祭天之胤傳七葉'이라는 구절이 새겨져 있어 신라 왕가가 흉노에서 왔음을 시사하고 있다.

이 되는 등 제왕 수업을 충실히 받았다. 실질적으로 아버지를 도와 삼국통일의 첫발을 내딛고 나중에 삼국통일을 완성한 것도 그였다.

그러나 필자가 문무왕을 존경하는 것은 그의 마지막 행동 때문이다. 681년 문무왕은 세상을 떠나기 전에 왕자(신문왕)에게 자신의 시신 옆에서 즉위식을 하라는 유언을 남긴다. 위기를 두려워하지 않고 정면으로 맞서려는 군주의 결연한 자세가 엿보이는 대목이다.

문무왕의 유언은 죽음을 앞에 두고도 국가를 생각하는 위대한 제왕의 모습과 죽음을 앞두고 지난 삶을 정리하는 한 인간의 모습을 동시에 보여준다. 다소 길지만 오늘날 우리에게 시사하는 점이 많아 전체를 실었다.

과인이 어지러운 시운과 전쟁의 때를 만나 서쪽을 치고 북쪽을 정벌하여 나라의 경계 안에 잇는 땅을 평정했으며, 반역자를 토벌하고 섬겨 따르는 이를 불러들여 마침내 멀고 가까운 곳들이 평안해졌다. 위로는 조종祖宗이 끼치신 사랑을 위로해 올리고, 아래로는 부자의 오랜 원수를 갚았도다.

살아 있는 사람이나 죽은 사람 모두에게 두루 상을 추증하고, 안팎으로 고르게 관작을 나누어주었으며, 병장기를 녹여 농기구를 만들고 어진 마음을 갖고 오래 살도록 백성들을 이끌었다. 국가에 내는 세금을 가볍게 하고 요역을 덜어 집집마다 넉넉하고 사람마다 풍족하니 백성들은 안도하고 나라 안에 근심이 없게 되었다. 창고에는 곡식이 산처럼 쌓이고 감옥에는 풀만 무성하니 저승에서나 이승에서나 부끄러움이 없다 할 것이며, 아래위의 여러 인사들에게도 저버린 바가 없다 하겠다.

그러나 갖은 어려움과 고생을 무릅쓰다 보니 마침내 고질병이 생겼고, 정무에 애쓰다 보니 더욱 깊은 병에 걸리고 말았다. 운수는 떠나가고 이름만 남는 것은 예나 지금이나 마찬가지거늘 갑자기 명계冥界로 돌아간들 무슨 한 됨이 있으랴!

태자는 일찍이 어진 덕행을 쌓고 오랫동안 동궁의 자리에 있었으니, 위로는 여러 재상들로부터 아래로는 뭇 관료들에 이르기까지 죽은 이를 보내는 도리를 어기지 말 것이며 남은 이를 섬기는 예의를 잃지 말라. 종묘사직의 주인은 잠시라도 그 자리를 비워두어서는 안 될 것이니, 태자는 장사 지내기 전에 곧장 관 앞에서 왕위를 이어받으라.

산과 골짜기는 모습을 바꾸고 사람의 세대도 변하나니 오吳나라 왕의 북산北山 무덤에서 어찌 금으로 만든 물오리 향로의 광채를 보겠는가. 또한 위魏나라 임금의 서릉西陵 유적에서도 오직 동작銅雀이라는 이름만을 들을 뿐이다. 옛날 만사를 아우르던 영웅도 끝내는 한 무더기 흙더미가 될 것이니 꼴 베고 소먹이는 아이들이 그 위에서 노래하고 여우와 토끼가 그 옆에 굴을 팔 것이다.

분묘를 꾸미는 것은 한갓 재물만 허비하는 일이니 사책史冊에 비방만 남길 것이요, 공연히 인력을 수고하게 하면서도 죽은 혼령을 구제하지 못하는 것이다. 가만히 생각하면 쓰리고 아픈 것을 참지 못하겠으나 이와 같은 것들은 내가 즐겨하는 바가 아니다.

과인이 세상을 떠난 지 열흘이 되면 바로 왕궁의 고문 밖 뜰에서 서역의 법식에 따라 불로 태워 장사 지내라. 상복을 입는 경중이야 본래 정해진 규례가 있을 터이나 장례 절차는 힘써 검약하게 하라.

변방의 성들과 방위 요새 및 주군의 과세는 일에 긴요한 것이 아니거든 모두 헤아려 폐지하고, 율령과 격식들 가운데 불편한 것은 즉시 편의 대로 고쳐 반포할 것이며, 멀고 가까운 곳에 과인의 이러한 뜻을 널리 알리고 책임자가 시행하게 하라.

-《삼국사기》권7 문무왕 편

문무왕의 시신은 유언대로 화장되어 동해바다 대왕암 일대에 뿌려 졌다. 평소에 문무왕은 지의법사智義法師에게 입버릇처럼 "죽은 후에는 동해의 용이 되어 나라를 지키겠다"고 말해왔다. 앞서 설명한 것처럼 당과 관계가 개선되지 않은 상황에서 일본이 배후를 공격해올지 모른

**문무왕릉으로 추정되는 대왕암의 모습 ○** 육지에서 불과 200여 미터 떨어진 가까운 바다에 있다. 큰 바위가 주변을 둘러싸고 있고 중앙에 약간의 넓은 공간이 있는데, 이 공간에 대석을 이동하여 배치한 것으로 보인다.

신문왕이 문무왕이 뜻을 이어받아 세운 감은사의 터와 삼층석탑.

다는 걱정을 항상 해왔기 때문이었다.

필자는 대왕암을 볼 때마다 신라인들의 국운을 건 투쟁이 떠올라 전율이 느껴진다.

신문왕은 부왕이 왜병을 물리치기 위해 짓던 절을 완공하고 감은사感恩寺라 했는데 금당 밑을 파고 동쪽으로 향하는 구멍을 내어 바닷물이 들어오도록 하였다. 이는 용이 된 부왕이 쉽게 드나들 수 있도록 하기 위함이었다. 감은사 동쪽에는 대왕암을 정면으로 바라다볼 수 있는 약간 높은 언덕이 있는데 신문왕은 이곳에 이견대利見臺를 짓고 수시로 와서 대왕암을 바라보며 절을 했다고 한다.

# 2

## 바다 상인의
## 개방과 포용 정신, 왕건

　　태조 왕건의 조상들은 개성을 거점으로 중국과 무역을 하던 바다 상인이었다. 《고려사》에는 왕건의 할아버지인 작제건作帝建에 대한 이야기가 나온다. 작제건은 고려에서 국가의 조상으로 모신 사람이다. 당나라 숙종의 아들이라고 하는 작제건은 성장하자 아버지를 만나러 배를 타고 중국으로 가다 바다 속에서 서해 용왕의 딸과 결혼해 왕건의 아버지 용건龍建을 낳았다고 한다. 물론 지어낸 이야기이겠지만 이런 이야기를 지어냈다는 것 자체가 왕건 집안이 전형적인 해양 세력이었음을 증명하고 있다.

　또 《고려사》에는 "당 현종 12년(753년)에 당나라 귀인(왕건의 증조할아버지)이 예성강 서포(개경으로 들어오는 길목)에 다다랐을 때 마침 강바닥이 진흙투성이어서 시종들이 배에 실은 동전을 꺼내 깔고 나서야 육지로 내려올 수 있었다"는 기록이 있다. 그래서 후대에 이곳을 돈으

왕건 집안이 해양 세력으로 활동하는 데 근거지가 되었던 개성 예성강의 지금 모습. 사진 Stephan.

로 덮인 포구라는 뜻으로 전포錢鋪라고 불렀다고 한다. 이를 통해 왕건 집안이 개경 일대를 중심으로 활발하게 상업 활동을 했다는 것을 알 수 있다. 이렇게 형성된 경제력은 후일 왕건이 세력을 확대하고 고려를 건국하는 데 큰 도움이 됐다.

왕건이 궁예 밑에서 승승장구한 것도 해군 사령관으로서의 역할을 잘해냈기 때문이었다. 그는 자신의 해군을 이끌고 후백제의 배후를 공격해 나주를 점령했다. 나주 점령은 후일 권력을 잡고 후백제를 멸망시키는 데 밑바탕이 되었다.

당시 왕건이 이끄는 해군의 규모는 상당했었던 것 같다. 왕건은 나주 해상전에서 승리한 뒤 전함 100여 척을 더 건조했는데 그중 큰 배

10여 척은 각각 사방이 16보였으며 그 위에 다락까지 세웠다고 한다. 각 방 16보라면 36.6미터 정도로 무게만도 250~280톤에 이르렀을 것으로 보인다. 이는 15~16세기경 콜럼버스가 탔던 산타마리아호만큼이나 컸다는 이야기이다. 그보다 500~600년 전에 고려에서 이런 배를 건조할 수 있었다는 것은 왕건을 뒷받침한 해상 세력의 힘이 어느 정도였는지를 알게 해준다.

고려가 개방적인 모습을 가지게 된 것은 왕건의 출신과도 깊은 관계가 있다. 왕건의 특징은 바로 고려의 특징이기도 하기 때문이다. 바다를 통한 원거리 무역은 생산지와 소비지 사이의 가격 차이로 이윤을 보게 된다. 그런 만큼 교역을 하기 전에 양 지역에 대해 충분히 알고 있어야 한다. 이렇듯 필요한 정보를 얻기 위해서는 폭넓은 네트워크를 쌓아야 하기 때문에 가장 개방적이 될 수밖에 없는 것이다.

왕건이 태어날 때만 해도 황해에 신라의 영향력이 어느 정도 남아 있던 시절이었다. 따라서 왕건은 통일신라시대 때 황해를 누볐던 해양 국가 신라의 전통을 이어받았다고도 할 수 있다. 그리고 상업 활동을 활발히 하면서 세상을 열린 눈으로 바라보게 되었던 것이다.

왕건은 문화적인 면에서도 개방적이었다. 우리는 고려가 철저한 불교 국가이고, 그렇게 된 것은 왕건의 유훈 때문이라고 생각한다. 그러나 왕건은 불교의 역할을 높이 평가하면서도 함부로 사원을 짓지 않았으며, 승려가 정치에 참여하는 것에 대해 반대한다는 입장을 보였다.

이와 함께 전통적인 제천의식인 팔관회의 중요성도 강조했다. 왕건은 "연등燃燈은 부처님을 섬기는 것이고, 팔관八關은 천령天靈·오악五嶽과 명산名山·대천大川과 용신龍神을 섬기는 것이다. 훗날 더하거나 줄이

자고 건의하는 간사한 신하가 있으면 반드시 막아야 한다"고 말했다.

또한 왕건은 유교 윤리에 입각한 제도도 확립해야 한다는 것을 강조했다. 다양한 종교와 사상을 받아들였던 개방적인 인물이 바로 왕건이었던 것이다. 고려가 개방적인 사회가 될 수 있었던 기초는 이미 왕건 때부터 닦여 있었다.

개방적인 사람은 포용력이 크게 마련이다. 사회나 국가도 마찬가지이다. 왕건은 후삼국을 통일하는 과정에서, 또 통일 후에도 인재 등용에 있어 개방적인 자세를 취했다. 그는 적이라도 유능한 인재라고 판단되면 포용했다.

왕건은 즉위하자마자 각 지방의 세력가들, 즉 호족 세력을 하나로 묶는 데 주력했다. 이때 왕건은 호족들을 무력으로 제압하지 않았다. 비단과 돈 등을 후하게 주며 공손히 말하는 '중폐비사重幣卑辭 정책'을 펼쳤다.

왕건이 이처럼 자신을 낮추는 전략을 쓴 것은 그의 집안이 후삼국 혼란기에 등장한 많은 호족 가운데 하나였기 때문이다. 다시 말해 그렇게 두각을 드러낼 만한 집안이 아니었던 것이다. 여기에 왕건의 성격은 천성적으로 온화하고 겸손했던 것 같다. 다음은 왕건이 대광大匡 박술희朴述熙를 불러 〈훈요십조〉를 내리기 전에 한 말이다.

내가 듣기를 대순大舜은 역산歷山에서 밭을 갈다가 마침내 요堯나라 임금이 되었고, 한漢 고제高帝는 초라한 곳에서 일어나 드디어 한나라를 일으켰다.

나 또한 가난하고 평범한 집안에서 홀로 일어나 그릇되게 여러 사람

들에게 추대되었다. 여름에는
더위를 두려워하지 않고 겨울
에는 추위를 피하지 않으면서
19년 동안 몸과 마음을 괴롭힌
끝에 삼한을 통일하여 외람되
이 왕위에 있은 지 25년이나 되
었고 몸도 이제 늙었다.

《고려사》에 실린 박술희 전 ● 박술희는 면천
박씨의 시조로 18세 궁예의 호위병이 되고 뒤에
태조를 섬기면서 대광大匡이 되었다. 943년 태조가
죽을 때 군국대사軍國大事를 부탁받고 〈훈요십조〉를
전수받았다.

왕건이 몸을 낮춘 또 하나의
이유는 성품이 포악한 궁예가
보복적이며 흉악한 행위를 일삼다 스스로 무너지는 모습을 봤기 때문
일지도 모른다.

즉위 다음 날 조서에서 "궁예는 백성을 위한 정치를 하지 않고 폭정
으로 백성을 괴롭혔기 때문에 멸망한 것"이라며 자신은 백성을 끌어
안겠다는 의지를 확실히 보여주었다.

또 신하들에게 "내가 왕위에 오른 것은 백성들의 추대에 힘입은 것"
이라고 강조하면서 "국가를 운영하는 데 근검, 절약에 힘써 백성들에
게 경제적인 혜택이 돌아가도록 하라"는 지시를 내리기도 했다.

실제로 왕건은 농민들에게 3년 동안 조세와 부역을 면제해주었고,
유랑민들의 귀향을 도왔으며, 대사면을 실시하기도 했다. 그로 인해
농민들의 조세는 궁예 때에 비해 2/3나 줄어들었다고 한다. 따라서 당
연히 백성들에게 인기가 높을 수밖에 없었던 것이다.

왕건은 유력한 호족들을 끌어들여 가족적인 유대 관계를 형성하고

자 그들의 딸과 결혼하는 '혼인 정책'을 펼쳤다. 왕건의 부인은 모두 29명인데 즉위하기 전에 맞이한 신혜황후 유씨와 장화황후 오씨를 제외하면 모두 정치적 이유로 혼인했다.

호족 세력을 회유할 때 쓴 또 다른 정책은 왕씨 성을 주는 것이었다. 예를 들어 태조 11년에 명주溟州(지금의 강릉) 장군將軍 김순식金順式이 충성을 맹세하자 태조는 왕씨 성을 주고, 그를 대광에 임명했다. 궁예 때 고위직에 있었으나 고려가 개국하자 충성을 맹세해온 광해주光海州(지금의 춘천) 출신 박유朴儒에게도 왕씨 성을 내려줬다.

앞에서도 말했듯이 왕건은 926년 거란에게 멸망당해 고려로 내려온 발해 유민들을 적극적으로 맞이했다. 이때 넘어온 발해 유민의 수는 기록마다 차이가 있어 정확하지 않은데 대략 최소 5만에서 최대 12만 명으로 추정된다. 참고로 조선 후기 실학자 유득공柳得恭은 《발해고渤海考》에서 고려에 투항한 발해 유민

**발해의 유물인 함화 4년명 비상咸和四年銘碑像**
● 함화 4년(834) 조문휴趙文休의 어머니가 아미타불과 관음보살, 대세지보살 등을 조성하였다는 내용이 적혀 있다. 이러한 발해의 불상 제작 양식은 고구려에 연원을 둔 것이다. 일본 오하라 미술관 소장.

을 10여 만 명으로 밝혀놓았다. 이처럼 대규모로 투항한 발해 유민들은 고려가 북방 지역의 영토를 개척하는 데 큰 도움이 되었다.

왕건은 또한 여진족들도 포용했다. 920년에 왕건은 장군 유금필庾黔弼에게 명하여 3,000명의 병력을 이끌고 북방 국경 골암진鶻嚴鎭으로 가서 그곳을 지키게 했다. 유금필이 성을 쌓고 여진의 여러 부족을 회유한 결과 흑수말갈黑水靺鞨족의 추장들이 무리를 이끌고 와서 투항하는 일이 자주 일어났다.

936년 가을, 왕건이 경북 선산군 부근의 일리천一利川에서 후백제의 신검神劍과 삼국통일을 위한 마지막 결전을 벌일 때 여진족은 고려군 병력의 상당 부분을 차지하고 있었다. 고려군은 중군과 좌·우익군으로 편성되었는데 중군은 고려군 기병 2만 명과 보병 3,000명, 흑수부와 철리부의 여진 기병 9,500명으로 이루어졌다. 이는 유금필의 회유와 왕건의 포용을 통한 복종 전략이 맞물린 결과였다.

왕건은 기본적으로 신라와 친선 관계를 유지하며 평화적인 합병을 이루었다. 때문에 고려에서는 신라인들이 우대를 받았다. 그러나 전쟁으로 멸망시킨 후백제 사람들도 배척하지는 않았다. 투항해온 후백제인들 역시 포용하는 정책을 펼쳐 견훤의 사위인 승주昇州의 호족 박영규朴英規의 딸과도 혼인하였다. 왕건은 견훤을 상부尙父로 모신 것은 물론, 아버지 견훤을 몰아내고 왕위에 올랐다 자신에게 패한 신검도 끌어안았다.

왕건은 개국에 성공한 뒤 공헌도가 가장 컸던 홍유洪儒와 배현경裴玄慶, 복지겸卜智謙, 신숭겸申崇謙 등 4명을 일등공신으로 임명했다. 이들 중 홍유와 배현경의 출신지는 각각 경상북도 의성과 경주로 신라 지역이었다. 그리고 신숭겸은 전라남도 곡성, 복지겸은 충청남도 면천 출신으로 두 곳 모두 후백제에 속했다.

이러한 지역을 가리지 않는 포용 정책이야말로 고려가 최초로 한반도를 통일한 진정한 통일 왕국이라는 평가를 받는 가장 중요한 요인이 됐다.

태조 왕건의 마지막으로 남긴 말은 무엇일까. 《고려사》는 이에 대해 다음과 같이 기록하고 있다.

태조는 재위 26년 되던 943년 5월 병이 깊어 신덕전神德殿에서 최후의 순간을 맞이하게 되었다. 이때 조정의 모든 벼슬아치들이 통곡을 하며 "성상께서 저희들을 버리고 가시려 하시나이까?" 하고 울음을 터뜨렸다. 그러자 태조는 조용히 웃으시면서 "덧없는 인생이란 옛날부터 다 이런 것이었노라"라는 말을 남긴 다음 바로 눈을 감으시니, 향년 67세였다.

# 3 세계 권력에 가장 가까웠던 교양인, 충선왕

충선왕은 우리에게 잘 알려져 있지 않지만 필자의 생각으로는 한국인 가운데서는 세계 권력에 가장 가까이 가 있었고 가장 국제화된 인물이었다. 한국 왕자와 몽골 황제의 딸 사이에서 태어난 충선왕은 그 탄생부터 평범하지가 않았다.

충선왕은 몽골로부터 종묘사직을 지키기 위한 할아버지 원종의 선택과 결단의 산물이었다.

몽골이 침범해오자 조정을 강화도로 옮겨 맞서던 고려는 결국 1270년 몽골에 항복하고 말았다. 몽골이 처음 쳐들어온 것이 1231년이었으니 40여 년 간 대제국 몽골과 싸운 셈이다. 이는 유례가 없는 일로 몽골 조정도 고려의 항전에 매우 당황했을 정도였다.

그러나 고려 조정이 강화도에 들어가 있는 동안 고려의 전 국토는 초토화되었고 많은 백성들이 몽골군에게 학살당했다. 고려 무신정권이 결사 항전을 벌인 것을 칭찬하는 사람도 있지만 사실상 백성들을 포기한 행태는 비판받아 마땅한 일이다.

후일 원종이 된 태자 전倎은 1257년 아버지 고종의 대리인 자격으로 몽골 수도 대도로 향했다. 그러나 그는 몽골 황제 몽케蒙哥가 원정지인 중국 사천에서 갑자기 사망했다는 소식을 듣고 발걸음을 돌렸다. 그가 택한 방향은 남쪽이었다. 황제가 사망하자 왕위를 이어받기 위해 남쪽 악주岳州(지금의 웨양岳陽)에서 북쪽으로 돌아가던 쿠빌라이를 찾아간 것이다. 당시의 상황을《고려사》는 이렇게 기록하고 있다.

세조 황제(쿠빌라이)가 강남江南에서 군사를 돌릴 때 우리 4대조 충경왕(원종)이 여러 신하들을 거느리고 6,000여 리 산을 넘고 물을 건너 양초梁楚의 땅에 가서 절하고 맞이하니 세조 황제께서 큰 포상을 베푸시고 즉시 성훈聖訓을 내려 "국속國俗을 고치지 말고 예전처럼 관리하라"고 하셨다.

원종이 쿠빌라이를 택한 것은 사실상 모험에 가까운 일이었다. 당시 쿠빌라이는 동생 아리크부카阿里不哥와 황권을 놓고 다투고 있었는데 아직 확고한 우위를 점하지는 못하고 있던 상황이었다. 그러나 원종은 권력을 장악할 인물은 쿠빌라이일 것이라는 판단을 했다. 현명한 판단이었다.

쿠빌라이는 "고려는 1만 리 밖에 있는 나라로 당 태종도 친히 쳤으나 정복하지 못하였는데 지금 그의 세자가 스스로 나에게 왔으니 이는 하늘의 뜻이로다"라며 반갑게 원종을 맞이했다고 한다. 쿠빌라이

〈쿠빌라이 수렵도〉(부분) ● 쿠빌라이 칸이 사냥하는 모습을 담은 그림이다. 중앙에 쿠빌라이 칸과 황후
가 있고 양쪽 황가 시위대에는 남아시아인도 있고 중앙아시아인도 있다. 원나라 유관도劉貫道의 작품이다.

는 원종을 한 나라의 국왕으로 대우하며 자신의 진영에 머물도록 했다.

1260년, 마침내 황위에 오른 쿠빌라이는 고려 고종이 세상을 떠나
자 원종에게 고려로 돌아가 왕위에 오르도록 했다. 쿠빌라이는 이와
함께 두 나라가 한집안이 될 것을 약속하였다. 뒤에 쿠빌라이는 약속
을 지켜 자신의 딸과 원종의 태자 심諶을 결혼시킴으로써 원종과 사돈
관계를 맺었다.

또한 고려는 쿠빌라이의 약속대로 독자적인 왕호를 사용하며 국가를 유지할 수 있었다. 물론 국토가 줄어들고 내정간섭을 많이 받긴 했지만 몽골이 정복한 나라 가운데 국가의 이름과 왕실을 유지한 곳은 고려뿐이었다.

고려가 독립적인 지위를 가지고 있었다는 것은 원의 무종이 1310년 고려에 보낸 제서制書(조서詔書)를 봐도 알 수 있다.

짐이 보건대 지금 천하에서 자기의 백성과 사직을 가지고 왕위를 누리는 나라는 오직 삼한三韓(고려)뿐이다. 우리의 선왕 때로부터 그 후 거의 100년 가까운 기간에 부자가 계속 우리와 친선 관계를 맺고 있으며 또 서로 장인과 사위가 되었다. 이미 공훈을 세웠고 또한 친척이 되었으니 응당 부귀를 누려야 할 것이며 어떤 나라보다 먼저 국교를 맺었으니 추숭追崇(왕위에 오르지 못하고 죽은 이에게 임금의 칭호를 주던 일)하는 예절을 어찌 늦출 수 있겠는가.

원종은 산을 넘고 물을 건너 6,000여 리에 이르는 고난의 행군을 하고, 판단이 어려운 상황에 현명한 결단을 내려 고려를 살릴 수 있었다. 만약 원종의 결단이 없었다면 고려는 원나라의 일개 성이 되었을지도 모른다. 그리고 한민족의 역사가 완전히 바뀔 수도 있었다. 지도자의 현명한 판단과 결단이 국가의 운명을 어떻게 좌우하는지 알 수 있는 좋은 사례이다.

1274년 5월 원나라 황궁에서 고려 왕세자 왕심과 쿠빌라이의 딸 쿠틀룩켈미쉬忽都魯揭里迷失의 결혼식이 열렸다. 당시 왕심은 39세의 기혼

남이었고 쿠틀룩켈미쉬는 16세의 어린 처녀였다.

왕심이 쿠빌라이의 사위가 된 것이다. 쿠빌라이가 어떤 사람인가? 칭기즈칸의 손자로 몽골제국을 완성한 사람 아닌가. 그는 인류 역사상 가장 넓은 영토를 다스렸고 가장 강력한 권력을 가진 사람이었다.

왕심은 결혼 직후 원종이 세상을 떠나자 고려로 돌아와 왕위에 올랐다. 그가 바로 충렬왕이다. 황제의 사위가 됨으로써 원나라에서 충렬왕의 정치적 위상은 매우 높아졌다. 원 황실이 연회를 열 경우 서열에 따라 자리에 앉게 되는데 충렬왕의 서열은 7위였다. 쿠빌라이의 아들이 12명이었다는 점을 감안하면 충렬왕은 일반 신하들은 물론 쿠빌라이의 웬만한 아들들보다 더 서열이 높았다는 것을 알 수 있다. 쿠빌라이가 세상을 떠난 후 성종 테무르帖木爾가 황위에 오르자 충렬왕의 서열은 4위로 뛰어올랐다. 성종 테무르는 쿠틀룩켈미쉬의 조카, 즉 큰오빠의 아들이었던 것이다.

충렬왕은 이와 같은 자신의 신분을 이용해 여러 가지 이익을 챙겼다. 그중 하나가 고려에서 대도에 이르는 교통로에 고려인 촌락을 만든 것이었다. 충렬왕은 고려 왕과 왕후가 원을 방문하기도 하고 고려와 원 사이에 사신이 자주 왕래하니 편의를 제공할 촌락이 필요하다는 명분을 내세워 쿠빌라이에게 이를 요구했다. 쿠빌라이 황제가 흔쾌히 허락하자 충렬왕은 고려 주민 400호를 이주시켜 이르겐伊里干(백성을 뜻하는 몽골어)이라는 특수 촌락 3개를 세우게 했다. 이들 이르겐은 고려가 관할했는데 이것이 나중에 충선왕이 심양왕瀋陽王이 되는 기반이 되었다.

충선왕은 바로 충렬왕과 쿠틀룩켈미쉬 사이에서 태어난 아들이다.

충선왕의 몽골 이름은 이지르부카益知禮普花였다. 이는 쿠빌라이의 부인, 즉 외할머니가 직접 지어준 것으로 '젊은 황소'라는 뜻이었다.

충선왕은 왕위에 오르기 전부터 아버지 충렬왕을 능가할 정도로 막강한 권력을 손에 쥐고 있었다. 몽골 황제의 외손자였기 때문이다. 70세가 넘은 노황제 쿠빌라이는 외손자를 끔찍이 아꼈다. 1291년 만주 지역에서 원나라에 반란을 일으킨 합단哈丹의 군사들이 고려를 쳐들어왔을 때 충선왕은 할아버지에게 말해 1만 명의 지원 병력을 받아냈고 전쟁 후에는 쌀 10만 석을 얻어내기도 했다.

1296년 충선왕은 몽골 진왕 카말라甘麻刺의 딸 보다시리寶塔實憐 공주와 결혼했다. 카말라는 당시 황제였던 성종 테무르의 형이었다. 따라서 보다시리는 황제의 조카가 된다. 충선왕은 전 황제의 외손자이자 현 황제의 조카사위였다. 당연히 몽골 황실의 핵심 인물 가운데 한 명이 될 수밖에 없었다. 이를 증명하듯 몽골 황궁에서 열린 그의 결혼식은 3개월 동안 계속됐다고 한다.

1298년 충선왕은 고려 26대 왕이 되었다. 충선왕은 사실 고려인이라기보다는 몽골인에 더 가까운 사람이었다. 어머니가 몽골인이고 어린 시절을 대부분 몽골 황실에서 보냈기 때문이다. 충선왕은 성종 테무르가 죽은 뒤 후계자 자리를 놓고 내분이 일어났을 때 개입했는데, 그가 지지했던 무종 카이산海山 황제가 황위에 올랐다. 충선왕은 카이산 황제뿐만 아니라 카이산 황제의 뒤를 이은 인종 아유르바르와다愛育黎拔力八達 황제와도 친분이 두터웠다. 충선왕은 카이산보다는 여섯 살이 많고 아유르바르와다보다는 열 살이 위였지만, 어린 시절 황실에서 친형제처럼 지냈다. 충선왕의 부름을 받아 원나라로 건너간 이제현은《익재난고益齋亂藁》에 "세 사람은 같이 자고 같이 일어나며 밤낮으로 떨어지지 않았다"고 썼다.

충선왕은 황제 옹립에 큰 공을 세운 대가로 중서성의 정사에 참여할 수 있는 권한을 부여받았다. 원의 황제 인종은 한때 우승상 직을 제의할 정도로 충선왕에 대한 신임이 두터웠다. 충선왕은 대도에 머물며 원 제국의 국정과 종교 정책에 깊이 관여했다. 이는 충선왕이 성리학과 불교에 높은 식견을 가지고 있었기에 가능한 일이었다. 충선왕은 제안대군齊安大君 왕숙王淑에게 국정을 대행하게 하고 귀국하지 않았는데 이때 충선왕은 요동 지역을 관장하는 심양왕과 고려 왕이라는 2개의 왕좌를 가지고 있었다.

고려 왕위를 아들 충숙왕에게 물려준 충선왕은 1314년(충숙왕 원년)에 대도의 심왕부瀋王府에 만권당萬卷堂을 설치했다. 만권당은 당시 세계에서 가장 큰 도서관이었다. 충선왕은 이곳에 많은 한족 유학자들을 초빙하여 교유하고 함께 성리학을 연구했다. 이들은 대부분 충선왕의 추천으로 원에서 벼슬을 하고 있었다. 또 고려 학자들도 불러 이들과 함께 공부하도록 했다. 당시의 충선왕은 세계 제국 몽골의 권력자였다.

충선왕의 든든한 후원자였던 인종 황제가 세상을 떠나고 황태자 시디발라碩德八剌가 제위를 이어받으니 그가 바로 영종이다. 영종이 어머니인 흥성태후興聖太后 세력에 대해 대대적인 숙청을 시작하자 충선왕은 강남 지역으로 도피하려다 체포됐다. 영종은 충선왕을 고려로 압송하려 했으나 충선왕은 이를 거부하고 대도에 머무르며 정세를 관망했다. 그러자 영종은 충선왕을 형부에 수감시키고 얼마 뒤에는 티베

**몽골 황제들의 초상 ◉** 왼쪽 위부터 시계 방향으로 인종 아유르바르와다, 성종 테무르, 무종 카이산, 태정제 예순테무르.

트로 유배를 보냈다. 한국인으로서 티베트에 유배된 사람도 충선왕이 처음일 것이다.

1323년 영종이 21세의 젊은 나이에 암살당하자 충선왕의 처남인 예순테무르也孫鐵木兒 태정제泰定帝가 황제로 추대됐다. 태정제는 즉위하자마자 충선왕을 티베트에서 불러들여 다시 고려 왕으로 즉위할 것을 권유했지만 충선왕은 굳이 사양했다. 권력의 무상함을 절실히 느꼈기 때문일 것이다. 충선왕은 귀국하지 않고 대도의 저택에서 여생을 보내다가 1325년 50세를 일기로 세상을 떠났다. 충숙왕은 충선왕의 영구를 서경으로 모셔와 장례를 치렀다.

다음은 이제현이 충선왕에 대해 평한 글이다.

성품이 현자를 좋아하고 악한 자를 미워했으며, 총명하고 기억력이 좋아 무엇이든지 한 번 듣고 본 것은 죽을 때까지 잊어버리지 않았다. 매양 선비들을 모아놓고 옛날 국가들의 흥망에 대해서와 임금과 신하들의 잘하고 잘못한 점을 논평하고 연구하기를 부지런히 하여 조금도 게으르지 않았다. 어

**고려 후기 문신 이제현의 초상화 ○** 이제현은 1314년 상왕인 충선왕의 부름을 받아 대도의 만권당으로 간 후 6년 동안 원에 머물렀다. 그림은 1319년 충선왕이 진감여陳鑑如라는 원나라 화가를 시켜 그린 것이다.

진 사람을 좋아하고 악한 사람을 미워하는 것은 타고난 성품이었다.

충선왕은 당시 원나라에서도 가장 세계화된 교양인이었다. 한반도에서 태어난 사람 가운데 전 세계적 차원에서 충선왕만큼 권력을 누린 인물은 이전에도, 이후에도 없었다.

# 4 이민족의 친구, 이성계

조선을 건국한 태조 이성계의 정치적 군사적 기반은 선대로부터 이어받은 동북면, 지금의 함경도 지방의 여진족들이었다. 이성계는 바로 이 여진족 부대를 바탕으로 권력을 장악했다.

몽골 치하의 쌍성총관부에서 아버지를 따라 관리 생활을 했던 이성계는 다양한 문화를 접한 개방적 사고의 국제화된 인물이었다. 또한 그의 아들 태종 이방원은 공신들과 외척들을 제거함으로써 왕권을 안정시켜 세종이 아무 부담 없이 통치를 할 수 있게 만든 카리스마 넘치는 결단의 인물이었다. 태종은 노비를 양민으로 되돌리고, 군사력을 강화해 북방 개척의 기틀을 마련했다. 이러한 이성계의 개방성과 이방원의 결단 덕분에 세종 대에 찬란한 전성기를 이룰 수 있었다.

이성계의 조상은 대대로 전주에서 살았는데 4대조 이안사李安社(《용비어천가龍飛御天歌》에 나오는 목조穆祖) 때 전주를 떠나 삼척을 거쳐 지금

**전주 경기전에 있는 태조 이성계 어진** ● 조선 초기 선묘 위주의 초상화 기법을 잘 간직하고 있는 그림으로 익선관翼善冠에 청색 곤룡포袞龍袍를 입고 있다.

의 함경도인 동북면 의주宜州(덕원)에 이르렀다. 의주의 세력가가 된 이안사는 고려 정부에 의해 의주병마사宜州兵馬使로 임명됐지만 곧 몽골의 회유에 넘어가 1,000여 호를 거느리고 몽골에 투항했다.

쌍성총관부에서 천호千戶 겸 다루가치達魯花赤 벼슬을 했던 이안사는 이후 오동斡東 지역, 즉 오늘날 중국 연변 조선족 자치주에 있는 해란하海蘭河 유역의 오도리吾都里,

알타리斡朵里 부족이 거주하던 지역을 관장하게 됐다. 여진족을 다스린 것이다.

다른 여진 천호들과 사이가 좋지 않았던 이안사의 아들 이행리李行里는 기반을 잃고 다시 남하해 충렬왕 16년(1290년) 쌍성총관부 관하의 등주登州(지금의 안변)로 이주했다. 이때 오동에 살던 많은 여진족들이 뒤따라 남하하여 함주咸州(함흥)평야에 자리 잡았다.

이성계의 아버지인 이자춘李子春은 공민왕 4년(1355년) 고려에 투항했다. 이안사가 동북면으로 간 지 101년 만에 이성계 집안은 다시 고려의 신하가 됐다. 하지만 100여 년을 여진족 지역에서 생활한 탓에 이성계 주변에는 여진족 사람들이 많았다. 〈용비어천가〉를 보자.

> 동북일도東北—道는 국조國祖가 터를 연 곳으로 위덕이 나부낀 지 오래
> 된 곳이다. 야인野人 추장들이 멀리 이란투먼移蘭豆漫에까지 와서 복종하
> 고 섬겼으니, 혹은 칼을 차고 잠저潛邸(임금이 되기 전에 살던 곳)를 지키며
> 혹은 좌우에서 가깝게 모시며 동서로 정벌할 때 따르지 않는 이 없었다.
>
> —《용비어천가》 권7 장53

여기서 잠저를 지킨 것은 여진족 추장 27명이었는데 이들의 이름이
《태조실록》에 나와 있다.

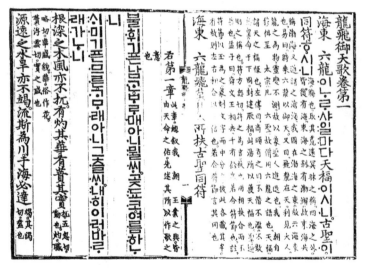

《용비어천가》 ◐ 조선 왕실의 시조인 목조穆祖·익조翼祖·도조度祖·환조桓祖·태조·태종의 사적事蹟
을 읊은 서사시로서 한국 최초로 한글로 엮은 책이다.

**조선과 여진의 경계 그림 ㅇ** 서북 지방과 여진족의 발원지인 만주 일대를 그린 지도. 북은 흑룡강으로 부터, 남쪽은 의주에서 경흥에 이르는 압록강, 두만강 유역의 군현, 국경 등을 간략하게 정리하였다. 규장각 소장.

이성계는 고향의 여진족뿐만 아니라 여러 차례에 걸친 북방 지역의 전투에서 동북면 여진인들을 적극 포섭하면서 자신의 세력을 확대해 나갔다. 이성계가 위화도에서 회군할 수 있었던 것도 병력의 주축이 그의 사병私兵이나 마찬가지인 여진족이었기 때문에 가능했을 것이다. 다음의 기록을 보면 이성계가 여진족들 사이에 상당히 인기가 있었음을 알 수 있다.

> 동북면의 백성과 여진 가운데 본래 종군하지 않은 자가 태조가 회군하였다는 말을 듣고 서로 다투어 모여 주야로 속히 달려오는 자가 1,000여 인이었다.
>
> -《고려사》 권137, 우왕 14년

이성계 휘하에 들어온 어진족 가운데 가장 특별한 인물은 바로 이지란李之蘭이다. 이지란은 본래 여진족 추장이었는데 공민왕 3년(1371년)에 고려에 귀화했다. 그리고 청년 시절부터 알고 지내던 이성계 밑에 들어가 황산대첩 등 각종 전투에서 큰 활약을 했다.

이성계가 가장 아끼는 친구이자 참모였던 이지란은 조선이 개국할 때 개국공신 1등에 봉해졌다. 본명은 쿠란투란티무르古論豆蘭帖木兒인데 나중에 이성계로부터 이씨 성을 받아 이지란으로 이름을 바꿨다. 지금의 청해靑海 이씨李氏가 그의 후손들이다.

이성계는 왕위에 오른 뒤에도 여진족들에 대해 적극적인 동화정책을 펼쳤다. 세종 당시 동북쪽의 국경선이 두만강까지 이어진 것도 이성계 집안이 이 지역에 연고가 있기 때문이기도 하지만 그와 함께 꾸

준히 펼친 동화정책 덕분이라고 할 수 있다.

태조가 여진족에 대해 어떤 동화정책을 썼는지 알 수 있는 기록이 있다.

임금이 즉위한 뒤에 적당히 만호와 천호의 벼슬을 주고, 이두란李豆蘭을 시켜서 여진을 불러 설득하여 머리를 풀어헤치는 풍속을 버리고 모두 관대冠帶를 하도록 하고, 금수와 같은 행동을 고쳐 예의의 교화를 익히게 하여 우리나라 사람과 서로 혼인을

**이성계의 친우이자 참모였던 이지란의 영정 ⊙**
건주여진족의 천호인 아라부카阿羅不花의 아들로 아버지의 벼슬을 이어받아 천호千戸가 되었고 1371년 공민왕 때 부하들을 이끌고 고려에 귀화하였다.

하도록 하고, 복역服役과 납부納賦를 편호編戸(호적을 편성함)와 다름이 없게 하였다.

또 추장에게 부림을 받는 것을 부끄럽게 여겨 모두 국민이 되기를 원하였으므로, 공주孔州에서 북쪽으로 갑산甲山에 이르기까지 읍을 설치하고 진을 두어 백성의 일을 다스리고 군사를 훈련하며, 학교를 세워 경서를 가르치게 하니 문무의 정치가 모두 잘되게 되었고 천 리의 땅이 다 조선의 영토로 들어오게 되어 두만강으로 국경을 삼았다.

강 밖은 풍속이 다르나 구주具州에 이르기까지 풍문으로 듣고 의義를

사모해서, 혹은 친히 찾아오기도 하고 혹은 자제들을 보내 볼모로 시위侍衛하기도 하고 혹은 벼슬 받기를 원하고 혹은 내지로 옮겨오고 혹은 토산물을 바치는 자들이 길에 잇닿았으며, 기르는 말이 좋은 새끼를 낳으면 자기네가 갖지 않고 서로 다투어서 바치며 …… 짐승을 잡으면 관청에 바치고, 법률을 어기면 벌을 받는 것이 우리나라 사람과 다름이 없었다.

뒤에 임금이 동북면에 거동하여 산릉山陵을 참배하니 강 밖에 사는 야인들이 앞을 다투어 와서 뵙고 길이 멀어서 뵙지 못한 자들은 모두 눈물을 흘리고 돌아갔다. 야인들이 지금까지도 그 은덕을 생각하고 변장邊將들과 술을 마시고 거나하게 취하면 태조 때 일을 말하고 감격하여 목메어 운다.

-《태조실록》권4, 태조 4년 12월 14일자

위의 기록을 보면 이성계가 왕이 되기 전부터 여진족들, 특히 두만강 이북의 여진족들과 친밀한 관계를 유지했음을 알 수 있다. 사실 이성계 집안은 여진족과 혼인 관계로 얽혀 있었다.

이성계가 여진족 부대를 천병天兵이라 부르며 우대한 것으로 보아 여진족에 대해 상당한 이해와 애정을 가지고 있었음을 알 수 있다. 이성계는 여진족과 같이 생활했기 때문에 여진어에 능숙했을 가능성이 높다. 그리고 몽골 치하에서 아버지와 함께 관리 생활을 했으므로 몽골어에도 익숙했을 것이다. 여러 가지 정황으로 볼 때 이성계는 이민족 문화에 상당히 익숙한 개방적인 사람이었다. 그 개방성은 새로운 한 시대를 열었다.

○
맺는 말

　　　　미국의 미래학자 엘빈 토플러Alvin Toffler는 인류의 역사
를 농업사회와 산업사회, 지식 정보 사회로 나눠 분석했다. 그리고 이
세 가지 물결을 한 세대에 경험한 나라는 대한민국밖에 없다고 했다.
급변하는 현대사의 물결 속에서 한국인들의 성취를 에둘러 표현한 말
이다.

　우리 민족은 비록 지금 분단의 아픔을 겪고 있지만 그 시련 속에서
도 조선 말기나 일제강점기에 비한다면, 아니 다른 식민 독립국가들
과 비교한다면 상상하지 못할 성취를 이뤄냈다.

　이러한 성취는 한국전쟁 이후 대한민국이 다른 개발도상국보다 빨
리 대외 지향적 발전 전략을 추진했기 때문에 가능했다. 그리고 필자
는 이 발전 전략은 우리 역사의 유전자 속에 각인돼 있던 대외 지향적,
개방적 기질과 딱 맞았기 때문에 성공할 수 있었다고 본다.

앞서 필자는 개방과 발전과의 관계를 의도적으로 강조했다. 물론 번영기를 이끈 것이 개방이라는 필자의 주장은 객관적인 증거를 바탕으로 한 사회과학적 이론이라고는 생각하지 않는다. 인간이란, 인류의 역사란, 한 마디로 규정할 수 없는 너무나 다양한 모습을 하고 있어서 과학적 이론의 틀로 설명하기가 쉽지 않기 때문이다. 그럼에도 불구하고 필자가 제시했던 한국사의 최절정기(8세기 신라, 11세기 고려, 15세기 조선)의 공통점, 그리고 오늘 한국 현대사의 모습은 개방과 번영의 상관관계를 확연하게 보여준다.

우리가 역사를 공부하는 것은 과거를 통해 교훈을 얻고 이를 바탕으로 미래에 대비하고자 함이다.

그렇다면 한국 사회의 지향점은 명백해진다. 더 문을 열고 더 개방의 사회를 만들어야 한다. 개방 사회는 폐쇄 사회보다 관용이 넘치는 사회일 수밖에 없다. 개방과 관용의 사회, 바로 한국사의 지향점이다.

앞으로 세계는 면적이나 자원이 많은 나라가 아니라 인재를 많이 갖고 있는 나라가 주도하게 될 것이다. 산업사회가 큰 것이 작은 것을 지배하는 규모의 시대였다면 지금 정보화 시대는 빠른 것이 늦은 것을 지배하는 속도의 시대이다. 대한민국은 이 두 가지에서 가장 유리하다. 우리의 유전자 속에 있는 외래문화에 대한 개방성과 빠른 습득 능력 때문이다.

그리고 이제는 더 이상 우리의 과거를 가학적으로 보지 말았으면 한다. 긍정적인 사고를 가진 사람이 행복하고 더 성공할 가능성이 높다고 한다. 한 사회도 마찬가지일 것이다. 보스턴대학교 사회학과 리아 그린펠드Liah Greenfeld 교수는 그의 저서《자본주의의 정신the spirit of capitalism》에서 지난 150년 간 경제발전에 성공한 여러 나라들을 비교 분석한 결과 경제발전의 동인 가운데 하나가 애국심으로 나타났다고 밝혔다. 애국심은 기본적으로 자신의 국가와 공동체에 대한 자부심에서 나온다. 이제 한국사의 양면을 함께 보면서, 조선시대의 기억에서 벗어나 저 시베리아 벌판에서 내려온, 저 몽골 초원에서 넘어온, 저 바다를 넘어 온 진취와 도전의 한국사도 함께 기억하자. 그리고 이 기억을 바탕으로 한국사에서 지난 세 차례의 번영기보다 더 나은 제4의 번영기를 어떻게 이룰 수 있을지 고민해야 한다. 그것이 역사를 공부하는 사람들의 의무이자 보람이다.

○ 참고문헌

● 단행본

경상북도,《경북 100주년 사업백서》, 경상북도, 1998

고정민 외,《한류, 아시아를 넘어 세계로》, 한국문화산업교류재단, 2009

국립중앙박물관 편,《고려시대를 가다》, 국립중앙박물관, 2009

국방군사연구소,《羅唐戰爭史》, 국방군사연구소, 1999

국사편찬위원회,《(국역)中國正史朝鮮傳》, 국사편찬위원회, 1986

국사편찬위원회,《한국사》 15~17, 19~20, 22, 국사편찬위원회, 2004

김기홍,《천년의 왕국 신라》, 창작과비평사, 2000

김당택,《한국 대외교류의 역사》, 일조각, 2009

김문경,《9세기 후반 신라인의 해상활동》, 해상왕 장보고 기념 사업회, 2006

김부식 지음, 이강래 옮김,《삼국사기》 I ~ II, 한길사, 1998

김부식 지음, 신호열 역해,《삼국사기》, 동서문화사, 2007

김성호,《중국 진출 백제인의 해상활동 천오백년 1~2》, 맑은소리출판회사,
  1996

김영욱,《한글 : 세종이 발명한 최고의 알파벳》, 루덴스, 2008

김영종,《실크로드, 길 위의 역사와 사람들》, 사계절출판사, 2009

김용만·김준수 공저,《지도로 보는 한국사 : 시공간을 함께 보는 한국 역사
　탐험》, 수막새, 2004

김용서·좌승희·이대근·유석춘·김광동·이춘근 공저,《박정희 시대의 재조
　명》, 전통과 현대, 2006

김종래,《유목민 이야기 : 유라시아 초원에서 디지털 제국까지》, 꿈엔들,
　2002

김창석,《삼국과 통일신라의 유통체계 연구》, 일조각, 2004

김창현,《高麗 開經의 構造와 그 理念》, 신서원, 2002

김현희·윤상덕·김동우 공저, 국립중앙박물관 편,《(고대 문화의 완성)통일
　신라·발해》, 통천문화사, 2005

남경태,《종횡무진 동양사》, 도서출판 그린비, 1999

남경태,《종횡무진 한국사》상·하, 도서출판 그린비, 2001

남문현,《장영실과 자격루 : 조선시대 시간측정 역사 복원》, 서울대학교출판
　부, 2002

동국대학교 신라문화연구소,《統一期의 新羅社會 研究》, 경상북도, 1987

동덕모,《朝鮮朝의 國際關係》, 박영사, 1990

멍셴스 지음, 김인지 옮김,《정관의 치》, (주)에버리치홀딩스, 2008

박기현,《우리 역사를 바꾼 귀화 성씨 : 우리 땅을 선택한 귀화인들의 발자
　취》, 역사의 아침, 2007

박성래,《세종시대의 과학기술 그 현대적 의미》, 한국과학재단, 1997

박성수,《歷史學槪論》, 삼영사, 1977

박세일,《대한민국 국가전략》, 21세기북스, 2008

박영규,《세종대왕과 그의 인재들》, 도서출판 들녘, 2002

박영규,《한권으로 읽는 고려왕조실록》, 웅진지식하우스, 1996

박영규,《한권으로 읽는 세종대왕실록》, 웅진씽크빅, 2008

박용운,《고려의 고구려 계승에 대한 종합적 검토》, 일지사, 2006

박용운·이정신 외 공저,《고려시대 사람들 이야기 : 정치생활》, 신서원, 2001

박용운·이정신·이진한 외 공저,《고려시대 사람들 이야기 : 경제·사회생
활》, 신서원, 2002

박용운·이정신·이진한 외 공저,《고려시대 사람들 이야기 : 교육·사상 및
문화생활》, 신서원, 2003

박재광,《화염조선 : 전통 비밀병기의 과학적 재발견》, (주)글항아리, 2009

박종국 ,《겨레의 큰 스승 세종성왕》, 세종학연구원, 2008

박종기,《새로 쓴 5백년 고려사 : 박종기 교수의 살아 있는 역사 읽기》, 푸른
역사, 2008

박창범,《하늘에 새긴 우리역사 : 천문기록에 담긴 한국사의 수수께끼》, 김영
사, 2002

박현모,《세종처럼 : 소통과 헌신의 리더십》, 미다스북스, 2008

배기찬,《코리아 : 다시 생존의 기로에 서다》, 위즈덤하우스, 2005

배상열,《아무도 조선을 모른다》, (주)토네이도미디어그룹, 2009

백지원,《왕을 참하라 : 백성 편에서 본 조선통사》 상권, (주)진명출판사,
2009

살바토레 세티스 지음, 김운찬 옮김,《고전의 미래 : 우리에게 고전이란 무엇
인가》, 길, 2009

서긍 지음, 조동원 외 옮김,《고려도경 : 중국 송나라 사신의 눈에 비친 고려
풍경》, 황소자리출판사, 2005

서영교,《羅唐戰爭史 硏究 : 약자가 선택한 전쟁》, 아세아문화사, 2006

서영교,《신라인 이야기 : 고대영웅들의 화려한 귀환》, 살림출판사, 2009

손승철,《近世朝鮮의 韓日關係硏究》, 국학자료원, 1999

신형식,《統一新羅史硏究》, 삼지원, 1990

안주섭·이부오·이영화 공저,《영토한국사 : 민족 공동체를 위한 공간의 역
사학을 향하여》, 소나무, 2006

에이미 추아 지음, 이순희 옮김, 《제국의 미래》, 비아북, 2008

역사비평 편집위원회, 《논쟁으로 읽는 한국사1 : 전근대》, (주)역사비평사, 2009

왕진王臻, 《朝鮮前期與明建州女眞關系研究》, 중국문화출판사, 2005

요시미즈 츠네오 지음, 오근영 옮김, 《로마문화 왕국, 신라 : 방대한 유물과 사료로 파헤친 신라문화의 비밀》, 씨앗을 뿌리는 사람, 2002

유재현, 《영토 한국사》, 소나무, 2006

윤명철, 《바닷길은 문화의 고속도로였다 : 동아지중해와 한민족 해양활동 사》, 사계절출판사, 2000

이성근, 《대제국 고려의 증거》, 한솔미디어, 2008

이성근, 《만주·몽골은 조선의 땅이었다 : 강대국 조선의 증거》, 한솔미디어, 2009

이재정·김효경 글, 국립중앙박물관 편, 《금속활자에 담은 빛나는 한글》, GNA 커뮤니케이션, 2008

이종욱, 《신라의 역사》1~2, 김영사, 2002

이종욱, 《춘추 : 위대한 정치 지배자》, 효형출판, 2009

이호영, 《新羅三國統合과 麗·濟敗亡原因硏究》, 서경문화사, 1997

이희수, 《한·이슬람 교류사》, 文德社, 1991

임기환 외, 《고구려 왕릉 연구》, 동북아역사재단, 2009

임종태, 《태조 왕건 : 고려 창업의 감춰진 역사를 찾아서》, 도서출판 선재, 2001

장학근, 《조선, 평화를 짝사랑하다 : 붓으로 칼과 맞선 500년 조선전쟁사》, 플래닛미디어, 2008

전덕재, 《신라 왕경의 역사》, 새문사, 2009

전상운, 《韓國科學技術史》, 정음사, 1976

전쟁기념관, 《전쟁기념관》, 전쟁기념관, 2003

정광, 《몽고자운 연구 : 훈민정음과 파스파 문자의 관계를 해명하기 위하여》,

박문사, 2009

정인지 외 지음, 고전연구실 옮김,《신편 고려사》1, 8~11, 신서원, 2001

정재승 엮음,《바이칼, 한민족의 시원을 찾아서》, 정신세계사, 2003

정해은,《고려, 북진을 꿈꾸다 : 고구려 영토 회복의 꿈과 500년 고려전쟁
사》, 플래닛미디어, 2009

정형진,《실크로드를 달려온 신라 왕족》, 도서출판 일빛, 2005

주경철,《대항해시대 : 해상 팽창과 근대 세계의 형성》, 서울대학교 출판부,
2008

중국 CCTV 다큐멘터리 〈대국굴기〉 제작진 글·사진, 강성애 옮김,《강대국
의 조건 : 네덜란드 : 21세기 강대국을 지향하는 한국인의 교양서》, 안그라
픽스, 2007

차하순,《西洋史總論》, 탐구당, 1977

최경봉·서정곤·박영준 공저,《한글에 대해 알아야 할 모든 것》, 책과 함께,
2008

최규성,《고려를 다시 본다》, 도서출판 주류성, 2006

최근식,《신라해양사 연구》, 고려대학교 출판부, 2005

최동희,《조선의 외교정책》, 집문당, 2004

최재석,《正倉院 소장품과 統一新羅》, 일지사, 1996

프랜시스 후쿠야마 지음, 구승회 옮김,《트러스트 : 사회도덕과 번영의 창
조》, 한국경제신문사, 1996

한국인물사연구원,《(이야기)고려왕조실록》1~2, 타오름, 2009

한국정신문화연구원,《世宗時代 文化의 現代的 意味》, 한국정신문화연구
원, 1998

Ennin, trans from the Chinese by Edwin O. Reischauer, *Ennin's Diary
: the record of a pilgrimage to China in search of the law*, Ronald
Press, 1955

John K. Fairbank·Edwin O. Reischauer·Albert M. Craig 공저, 김한규·전

용만·윤병남 공역,《동양문화사》上·下, 을유문화사, 1991

● 논문

강신영, 〈8~9세기 동아시아의 동기교역과 장보고〉, 동국대학교 대학원,
    2006

권덕영, 〈三國時代 新羅 求法僧의 活動과 役割〉, 청계사학 4, 1987

권덕영, 〈신라 '서화' 구법승과 그 사회〉, 정신문화연구 제30권 제2호 통권
    107호, 2007

권덕영, 〈新羅 下代 '西學'과 그 歷史的 意味〉, 신라문화 제26집, 2005

권덕영, 〈在唐 新羅人 社會의 形成과 그 實態〉, 국사관논총 제95집, 2001

권덕영, 〈在唐 新羅人의 綜合的 考察 : 9세기를 중심으로〉, 역사와 경계 제
    48집, 2003

권덕영, 〈중국 산동성 무염원(지)에 관한 몇 가지 문제〉, 신라문화 제28집,
    2006

김구진, 〈윤관 9성의 범위와 朝鮮 6鎭의 開拓, 女眞勢力關係를 中心으로〉,
    사총 21~22, 1978

김문경, 〈신라인의 해외활동과 신라방〉, 한국사시민강좌 28, 2001

김성우, 〈朝鮮中期 士族層의 성장과 身分構造의 변동〉, 고려대학교 대학
    원, 1997

김은주, 〈高麗末 李成桂 家門의 成長과 軍事的 基盤 : 東北面 女眞族과
    의 關係를 中心으로〉, 영남대학교 교육대학원, 1998

김철웅, 〈高麗와 宋의 海上交易路와 交易港〉, 중국사연구 제28집, 2004

남한호, 〈9세기 후반 신라와 일본의 관계〉, 한국교원대학교 대학원, 1998

류창규, 〈李成桂勢力과 朝鮮建國〉, 서강대학교 대학원, 1996

민현구, 〈高麗前期의 對外關係와 國防政策 : 文宗代를 中心으로〉, 아세아

연구 99, 1998

박수석, 〈羅末海上勢力에 關한 考察 : 장보고를 中心으로〉, 고려대학교 교육대학원, 1981

박옥걸,〈高麗時代의 歸化人硏究〉, 성균관대학교 대학원, 1988

박해현, 〈김춘추의 집권과정과 그 정치적 의미〉, 전남대학교, 1983

서성호, 〈국제 무역항 벽란도碧瀾渡와 개경의 시장 : 남대가 시장에 세계 문물이 모였네〉, 문화와 나 통권 75호, 2005

송기호, 〈발해의 역사적 전개 과정과 국가 위상〉, 서울대학교 대학원, 1995

신완순, 〈고려도경으로 본 고려의 강역〉, 통일한국 제26권 11호 통권299호, 2008

연영규, 〈장보고의 재당활동〉, 충북대학교 교육대학원, 2005

오부윤, 〈新羅 儒者들의 入仕 途徑 : 讀書三品出身法과 賓貢科를 중심으로〉, 논문집 24, 2000

오윤식, 〈신라 경주의 입지적 특성과 도시의 발달〉, 동국대학교 대학원, 2002

왕영일, 〈이지란에 대한 연구 : 조선건국과 여진세력〉, 고려대학교 대학원, 2003

유정수, 〈고려시대의 科擧制度 연구 : 초기를 중심으로〉, 중앙대학교 대학원, 1984

윤완, 〈통일신라시대 견당유학생遣唐留學生 연구〉, 교육학연구 제42권 제4호, 2004

이동복, 〈金의 始祖傳說에 대한 一考察〉, 동국사학 제15~16집, 1981

이현숙, 〈나말여초 최치원과 최언위〉, 퇴계학과 한국문화 제35호 2권, 2004

정찬식, 〈統一期 新羅의 對唐關係硏究〉, 대구대학교 교육대학원, 1998

정창원, 〈장보고의 해상무역활동과 재조명 사업에 대한 고찰〉, 한국해양대학교 대학원, 2008

조범환, 〈신라 하대 견당국학유학생의 파견과 그 역사적 의미〉, 서강인문논

총 제25집, 2009

추명엽, 〈高麗時期 '海東' 인식과 海東天下〉, 한국사연구 129, 2005

호승희, 〈신라한시 연구 : 전개양상과 그 특성을 중심으로〉, 이화여자대학교
　대학원, 1993

:

: